Smaki Włoch

Kulinarna Odyseja Tradycji i Pasji

Alessio Pasini

Treść

Kurczak faszerowany w Ragù 9

Smażony kurczak 12

Kurczak pod cegłą 15

Sałatka z kurczakiem i cytryną 17

Sałatka z kurczakiem i dwiema paprykami 20

Sałatka z kurczakiem w stylu piemonckim 23

Rolada nadziewana piersią z indyka 26

Gotowany klops z indyka 28

Roladki z indyka w sosie pomidorowym z czerwonego wina 31

Pierś z kaczki ze słodko-kwaśnymi figami 34

Pieczona kaczka z przyprawami 37

Przepiórka na patelni z borowikami 40

Przepiórka z grilla 43

Przepiórka z pomidorami i rozmarynem 45

Duszona przepiórka 47

Grillowany stek po florencku 49

Stek z polewą balsamiczną 51

Filet ze skorupek z szalotką, boczkiem i czerwonym winem 53

Pokrojony stek z rukolą 55

Steki wołowe z gorgonzolą 57

Roladki mięsne nadziewane sosem pomidorowym 59

Wołowina i piwo 61

Gulasz wołowo-cebulowy 63

Gulasz wołowy z papryką 66

Gulasz wołowy friuli 68

Gulasz z mieszanych mięs, po myśliwsku 70

Gulasz wołowy 73

Gulasz wołowy w stylu rzymskim 76

Sałatka colesław z duszoną wołowiną 79

Bakłażan Nadziewany Mięsem 82

Neapolitańskie klopsiki 84

Klopsiki z orzeszkami piniowymi i rodzynkami 86

Klopsiki z kapustą i pomidorami 89

Klopsiki w stylu bolońskim 92

Klopsiki w Marsali 95

Stek w starym stylu neapolitańskim 97

Pieczeń duszona z czerwonym winem 99

Pieczeń duszona z cebulą i sosem makaronowym 101

Nadziewana bułka z sycylijską wołowiną 104

Pieczona polędwiczka z sosem oliwnym 108

Mieszane Gotowane Mięso 110

Grillowane marynowane kotlety schabowe 114

Żeberka w stylu Friuli 116

Żeberka z sosem pomidorowym 118

Przyprawione żeberka w stylu toskańskim 120

Żeberka i Fasola 122

Pikantne kotlety schabowe z marynowaną papryką 124

Kotlety schabowe z rozmarynem i jabłkami 126

Kotlety schabowe z pieczarkami i sosem pomidorowym 128

Kotlety schabowe z borowikami i czerwonym winem 130

Kotlety schabowe z kapustą 132

Kotlety schabowe z koprem włoskim i białym winem 134

Kotlety schabowe w stylu pizzy 136

Kotlety schabowe w stylu Molise 138

Schab w glazurze balsamicznej z rukolą i parmigiano 140

Polędwica wieprzowa z ziołami 143

Schab kalabryjski z miodem i chili 145

Pieczona wieprzowina z ziemniakami i rozmarynem 148

Polędwiczka wieprzowa z cytryną 150

Polędwiczka wieprzowa z jabłkami i grappą 153

Pieczeń wieprzowa z orzechami laskowymi i śmietaną 155

Toskańska polędwiczka wieprzowa 158

Pieczona łopatka wieprzowa z koprem włoskim 160

Stek wieprzowy 162

Sezonowana pieczeń wieprzowa bez kości 165

Grillowana łopatka wieprzowa w mleku 168

Duszona łopatka wieprzowa z winogronami 170

Łopatka wieprzowa w piwie 172

Kotleciki jagnięce w białym winie 174

Kotlety jagnięce z kaparami, cytryną i szałwią 176

Chrupiące kotlety jagnięce 178

Kotleciki jagnięce z karczochami i oliwkami 180

Kotleciki jagnięce z sosem pomidorowym, kaparami i anchois 182

Spalić palce Kotlety jagnięce 184

Grillowana jagnięcina po stylu Bazylikata 186

Grillowane szaszłyki jagnięce 188

Gulasz jagnięcy z rozmarynem, miętą i białym winem 190

Gulasz jagnięcy z Umbrii z puree z ciecierzycy 193

Jagnięcina w stylu myśliwskim 196

Gulasz jagnięcy, ziemniaki i pomidory 199

Gulasz jagnięcy i paprykowy 201

Zapiekanka jagnięca z jajkami 203

Jagnięcina lub koza z ziemniakami po sycylijsku 206

Apulijska zapiekanka z ziemniaków i jagnięciny 209

Noga Jagnięca Z Ciecierzycą 212

Noga jagnięca z papryką i prosciutto 214

Noga Jagnięca Z Kaparami I Oliwkami 217

Kurczak faszerowany w Ragù

Kurczak Ripieno z Ragù

Na 6 porcji

W ten sposób moja babcia robiła kurczaka na święta i specjalne okazje. Nadzienie nie tylko dodaje smaku kurczakowi w środku, ale każdy farsz wlany do sosu dodaje mu dodatkowego smaku.

Obfita ilość sosu otoczy kurczaka. Można odłożyć na bok i podać z makaronem na innym stole.

8 uncji szpinaku, posiekanego

8 uncji mielonej wołowiny

1 duże jajko, ubite

¼ szklanki suchej bułki tartej

1 1/4 szklanki świeżo startego Pecorino Romano

Sól i świeżo zmielony czarny pieprz

1 kurczak (3 1/2 do 4 funtów)

2 łyżki oliwy z oliwek

1 średnia posiekana cebula

1/2 szklanki wytrawnego białego wina

1 puszka (28 uncji) obranych pomidorów, zmielonych

1 liść laurowy

1. Szpinak włóż do dużego garnka i postaw na średnim ogniu z 1/4 szklanki wody. Przykryj i gotuj przez 2 do 3 minut lub do momentu, aż zmiękną i będą miękkie. Odcedzić i ostudzić. Szpinak zawiń w niestrzępiącą się ściereczkę i odciśnij jak najwięcej wody. Drobno posiekaj szpinak.

2. W dużej misce wymieszaj posiekany szpinak, wołowinę, jajko, bułkę tartą, ser oraz sól i pieprz do smaku. Dobrze wymieszać.

3. Opłucz kurczaka i osusz. Posypać wewnątrz i na zewnątrz solą i pieprzem. Delikatnie wypełnij farszem wnętrze kurczaka.

4. W dużym, ciężkim rondlu rozgrzej olej na średnim ogniu. Dodaj pierś z kurczaka stroną do dołu. Gotuj przez 10 minut lub do złotego koloru. Odwróć pierś kurczaka stroną do góry. Rozłóż cebulę wokół kurczaka i smaż przez kolejne 10 minut. Pozostałym nadzieniem rozsmaruj wokół kurczaka. Dodać wino i dusić przez 1 minutę. Do kurczaka wlać pomidory, liść laurowy

oraz sól i pieprz do smaku. Zmniejsz ogień i częściowo przykryj patelnię. Gotuj przez 30 minut.

5. Ostrożnie obróć kurczaka. Dusić pod częściowym przykryciem przez kolejne 30 minut. Jeśli sos jest zbyt rzadki, otwórz patelnię. Gotuj przez kolejne 15 minut lub do momentu, aż kurczak będzie odchodził od kości, sprawdzając go widelcem.

6. Wyjmij kurczaka z sosu. Pokrój kurczaka i ułóż na talerzu. Usuń tłuszcz z sosu za pomocą dużej łyżki lub separatora tłuszczu. Polej kurczaka odrobiną sosu i podawaj na gorąco.

Smażony kurczak

Kurczak Bollito Arrosto

Na 4 porcje

Leona Ancona Cantone, koleżanka z liceum, powiedziała mi, że jej matka, której rodzina pochodziła z Abruzji, wiele lat temu robiła coś takiego. Wyobrażam sobie, że przepis powstał po to, aby jak najlepiej wykorzystać kurczaka, ponieważ zawiera on zarówno rosół, jak i pieczone mięso. Sposób gotowania i pieczenia sprawia, że jest to bardzo delikatny ptak.

1 kurczak (3 1/2 do 4 funtów)

1 marchewka

1 żebro selera

1 obrana cebula

4 lub 5 gałązek natki pietruszki

Sól

2/3 szklanki bułki tartej

1/3 szklanki świeżo startego Parmigiano-Reggiano

1/2 łyżeczki suszonego oregano, posiekanego

2 do 3 łyżek oliwy z oliwek

2 łyżki soku z cytryny

Świeżo zmielony czarny pieprz

1. Umieść końcówki skrzydeł z tyłu. Umieść kurczaka w dużym garnku i zalej zimną wodą, tak aby go przykryła. Doprowadź płyn do wrzenia i gotuj przez 10 minut. Usuń piankę dużą łyżką.

2. Dodać marchewkę, seler, cebulę, natkę pietruszki i sól do smaku. Gotuj na średnim ogniu, aż kurczak będzie miękki po nakłuciu widelcem w najgrubszej części uda, a sok będzie klarowny, około 45 minut. Wyjmij kurczaka z garnka. (Możesz dodać więcej składników, takich jak mięso lub kurczak, do bulionu i gotować przez kolejne 60 minut. Odcedź i przechowuj w lodówce lub zamroź bulion do zup lub innych zastosowań.)

3. Umieść ruszt na środku piekarnika. Rozgrzej piekarnik do 450 ° F. Nasmaruj dużą blachę do pieczenia.

4. Na talerzu wymieszaj bułkę tartą, ser, oregano, oliwę, sok z cytryny oraz sól i pieprz do smaku.

5. Używając ciężkich nożyc kuchennych, pokrój kurczaka na kawałki i podawaj. Zanurzaj kurczaka w bułce, poklepuj, aby się przykleił. Umieść kurczaka na przygotowanej patelni.

6. Piec przez 30 minut lub do momentu, aż skórka będzie złocista i chrupiąca. Podawać na gorąco lub w temperaturze pokojowej.

Kurczak pod cegłą

Kurczak Mattone

Na 2 porcje

Rozcięty i spłaszczony kurczak, ugotowany pod obciążeniem, okazuje się chrupiący na zewnątrz i soczysty w środku. W Toskanii można kupić specjalny ciężki krążek z terakoty, który spłaszcza kurczaka i równomiernie przylega do powierzchni patelni. Ja jako ciężarek używam ciężkiej żeliwnej patelni, pokrytej z zewnątrz folią aluminiową, ale zwykłe cegły owinięte w folię aluminiową też się wystarczą. Ważne jest, aby w tym przepisie użyć bardzo młodego kurczaka lub nawet kury kornwalijskiej; W przeciwnym razie zewnętrzna część mięsa wyschnie, zanim mięso przy kości zostanie ugotowane.

1 mały kurczak (około 3 kg)

Sól i świeżo zmielony czarny pieprz

1/3 szklanki oliwy z oliwek

1 cytryna pokrojona w plasterki

1. Wytrzyj kurczaka do sucha. Używając dużego noża szefa kuchni lub nożyc do drobiu, przetnij kurczaka wzdłuż kręgosłupa. Na

desce do krojenia otwórz kurczaka jak książkę. Odetnij kość stępkową oddzielającą piersi. Zdejmij końcówki skrzydeł i drugą część skrzydła ze złącza. Spłaszcz kurczaka, delikatnie uderzając go gumowym młotkiem lub innym ciężkim przedmiotem. Posyp obficie z obu stron solą i pieprzem.

2. Wybierz patelnię zawierającą spłaszczonego kurczaka i wagę. Wybierz drugą patelnię lub ciężką patelnię, która będzie w stanie równomiernie docisnąć kurczaka. Przykryj dno folią aluminiową, zaginając krawędzie folii do wnętrza formy, aby ją zabezpieczyć. Jeśli potrzeba, aby zwiększyć wagę, wypełnij wyłożoną folią blachę cegłami.

3. Na patelnię wlać olej i rozgrzać na średnim ogniu. Dodaj skórę kurczaka. Połóż ciężar na górze. Gotuj, aż skóra stanie się złotobrązowa, od 12 do 15 minut.

4. Wsuń cienką szpatułkę pod kurczaka, aby zdjąć go z patelni. Ostrożnie obróć kurczaka skórą do góry. Zmień obciążenie i gotuj kurczaka, aż sok będzie przezroczysty po nakłuciu uda, jeszcze około 12 minut. Podaje się na gorąco z plasterkami cytryny.

Sałatka z kurczakiem i cytryną

Sałatka Cytrynowa Pollo

Na 6 porcji

Pewnego bardzo gorącego letniego dnia, kiedy byłem w Bordighera w Ligurii, niedaleko granicy z Francją, zatrzymałem się w kawiarni, aby zjeść lunch i uciec od słońca. Kelner polecił tę świeżo przygotowaną sałatkę z kurczakiem, która przypomniała mi sałatkę niçoise, którą jadłem kilka dni wcześniej we Francji. Tuńczyk w puszce jest typowy dla Nicei, ale ta włoska wersja z kurczakiem też jest dobra.

To szybka sałatka z kurczakiem, więc ja używam piersi z kurczaka, ale można ją zrobić z całych kurczaków. Kurczaka można ugotować wcześniej i zamarynować w sosie, ale warzywa smakują lepiej, jeśli po ugotowaniu nie zostaną schłodzone. Możesz przechowywać je w temperaturze pokojowej przez około godzinę, aż będziesz gotowy do złożenia sałatki.

4 domowe kubki Rosół lub mieszanina kupionego w sklepie bulionu i wody

4 do 6 małych ziemniaków woskowych, np. Yukon Gold

8 uncji zielonej fasoli, pokrojonej na 1-calowe kawałki

Sól

2 kg piersi z kurczaka bez kości, skóry i tłuszczu

Bandaż

1 1/2 szklanki oliwy z oliwek z pierwszego tłoczenia

2 łyżki świeżego soku z cytryny lub do smaku

1 łyżka kaparów, odsączonych, odsączonych i posiekanych

1 1/2 łyżeczki suszonego oregano, posiekanego

Sól i świeżo zmielony czarny pieprz

2 średnie pomidory, pokrojone w plasterki

1. W razie potrzeby przygotuj bulion. Włóż ziemniaki do rondla. Dodaj zimną wodę, aby przykryć. Przykryj patelnię i zagotuj wodę. Gotuj do miękkości po przebiciu nożem, około 20 minut. Odcedź ziemniaki i pozwól im lekko ostygnąć. Oczyść skórę.

2. Zagotuj średni rondelek wody. Dodaj zieloną fasolkę i sól do smaku. Gotuj, aż fasola będzie miękka, około 10 minut. Fasolę odcedzić i ostudzić pod bieżącą wodą. Fasola jest suszona.

3. W dużym rondlu zagotuj bulion (jeśli nie jest świeżo przygotowany). Dodać pierś z kurczaka i przykryć patelnię. Gotuj, obracając kurczaka raz, 15 minut lub do momentu, gdy po nakłuciu widelcem sok z kurczaka będzie przezroczysty. Odcedzić piersi z kurczaka, zachowując bulion do innego użytku. Kurczaka przekrój w poprzek i włóż do średniej miski.

4. W małej misce wymieszaj składniki dressingu. Połowę sosu polej kurczaka. Dobrze wrzuć kawałki, aby je pokryć. Posmakuj i dopraw do smaku. Połóż kurczaka na środku dużego talerza. Przykryj i schłódź do 2 godzin.

5. Wokół kurczaka ułóż fasolkę szparagową, ziemniaki i pomidory. Skropić pozostałym sosem i natychmiast podawać.

Sałatka z kurczakiem i dwiema paprykami

Sałatka z kurczakiem i pepperoni

Na 8 do 10 porcji

Uroku tej sałatce dodają zarówno pieczona papryka, jak i pikantna marynowana papryka wiśniowa. Jeśli chili wiśniowe nie są dostępne, zastąp je inną marynowaną papryką, np. jalapeño lub pepperoncino. Pieczona papryka w słoikach jest wygodna, jeśli nie masz czasu na samodzielne pieczenie. Z tego przepisu wychodzi dużo kurczaka, więc świetnie nadaje się na imprezę. Jeśli wolisz, przepis można łatwo zmniejszyć o połowę.

2 małe kurczaki (około 3 kg każdy)

2 marchewki

2 żeberka selera

1 cebula

Kilka gałązek pietruszki

Sól

6 ziaren czarnego pieprzu

6 dzwonków czerwonych lub żółtych Pieczona papryka, obrane i pokrojone w cienkie paski

Zanurzać

1 1/2 szklanki oliwy z oliwek

3 łyżki octu winnego

1 1/4 szklanki posiekanej świeżej pietruszki

2 łyżki drobno posiekanej marynowanej papryki wiśniowej lub do smaku

1 ząbek drobno posiekanego czosnku

4 do 6 filiżanek mieszanych warzyw

1. Umieść kurczaka w dużym garnku i zalej zimną wodą, tak aby go przykryła. Doprowadź płyn do wrzenia i gotuj przez 10 minut. Łyżką zbieramy i wyrzucamy pianę, która wypływa na powierzchnię.

2. Dodać marchewkę, seler, cebulę, natkę pietruszki i sól do smaku. Gotuj na średnim ogniu, aż kurczak będzie miękki, a soki będą klarowne, około 45 minut.

3. W międzyczasie podsmaż paprykę, jeśli to konieczne. Gdy kurczak będzie ugotowany, wyjmij go z garnka. Bulion zachowaj do innego użytku.

4. Niech kurczak odcieknie i ostygnie. Usuń mięso. Mięso pokroić na 2-calowe kawałki i włożyć do miski z pieczoną papryką.

5. W średniej misce wymieszaj składniki sosu. Połowę sosu skrop kurczakiem i papryką i dobrze wymieszaj. Przykryj i przechowuj w lodówce do 2 godzin.

6. Tuż przed podaniem polej kurczaka pozostałym sosem. Posmakuj i dopraw do smaku, w razie potrzeby dodając więcej octu. Warzywa ułożyć na półmisku do serwowania. Na wierzch połóż kurczaka i paprykę. Natychmiast podawaj.

Sałatka z kurczakiem w stylu piemonckim

Piemoncka sałatka z kurczakiem

Na 6 porcji

W regionie Piemontu posiłki w restauracjach rozpoczynają się zwykle długą serią przystawek. Dlatego po raz pierwszy spróbowałam tej sałatki w Belvedere, klasycznej restauracji z tego regionu. Lubię podawać je jako danie główne na lunch wiosną lub latem.

Na szybki posiłek przygotuj tę sałatkę z kupowanym w sklepie kurczakiem z rożna zamiast kurczaka gotowanego. Pieczony indyk też będzie dobry.

1 kurczak (3 1/2 do 4 funtów)

2 marchewki

2 żeberka selera

1 cebula

Kilka gałązek pietruszki

Sól

6 ziaren czarnego pieprzu

8 uncji białych pieczarek, pokrojonych w cienkie plasterki

2 żeberka selera, pokrojone w cienkie plasterki

1/4 szklanki oliwy z oliwek

1 puszka (2 uncje) filetów z sardeli, odsączonych i posiekanych

1 łyżeczka musztardy Dijon

2 łyżki świeżo wyciśniętego soku z cytryny

Sól i świeżo zmielony czarny pieprz

Około 6 szklanek sałaty, pokrojonej na małe kawałki

Mały kawałek Parmigiano-Reggiano

1. Umieść kurczaka w dużym garnku i zalej zimną wodą, tak aby go przykryła. Doprowadź płyn do wrzenia i gotuj przez 10 minut. Za pomocą dużej łyżki usuń pianę, która wypłynie na powierzchnię.

2. Dodać marchewkę, seler, cebulę, natkę pietruszki i sól do smaku. Gotuj na średnim ogniu, aż kurczak będzie miękki, a soki będą klarowne, około 45 minut. Wyjmij kurczaka z garnka. Bulion zachowaj do innego użytku.

3. Pozwól kurczakowi ostygnąć i lekko ostygnąć. Usuń mięso ze skóry i kości. Mięso pokroić na 2-calowe kawałki.

4. W dużej misce połącz kawałki kurczaka, grzyby i cienko pokrojony seler.

5. W średniej misce wymieszaj oliwę, anchois, musztardę, sok z cytryny oraz sól i pieprz do smaku. Mieszankę kurczaka wymieszać z dressingiem. Rozłóż sałatę na talerzu i posyp mieszanką kurczaka.

6. Za pomocą obieraczki do warzyw z obrotowym ostrzem zetrzyj Parmigiano-Reggiano na sałatce. Natychmiast podawaj.

Rolada nadziewana piersią z indyka

Rollata di Tacchino

Na 6 porcji

Połówki piersi z indyka można łatwo znaleźć w większości supermarketów. W tym daniu z Emilii-Romanii, po oddzieleniu i spłaszczeniu piersi indyka, mięso jest zwijane i smażone ze skórą, aby było wilgotne. Podawaj stek na ciepło lub na zimno. To także dobra przekąska podawana z majonezem cytrynowym.

1/2 piersi z indyka (około 2 1/2 funta)

1 ząbek drobno posiekanego czosnku

1 łyżka świeżo posiekanego rozmarynu

Sól i świeżo zmielony czarny pieprz

2 uncje importowanego włoskiego prosciutto, pokrojonego w cienkie plasterki

2 łyżki oliwy z oliwek

1. Umieść ruszt na środku piekarnika. Rozgrzej piekarnik do 350 ° F. Nasmaruj małą blachę do pieczenia.

2. Za pomocą ostrego noża usuń skórę z indyka w jednym kawałku. Odłóż to. Odetnij pierś z indyka od kości. Połóż pierś na desce do krojenia stroną z kośćmi do góry. Zaczynając od jednego dłuższego boku, przekrój pierś indyka wzdłuż na pół, zatrzymując się natychmiast na drugim długim boku. Otwórz pierś z indyka jak w książce. Spłaszcz indyka tłuczkiem do mięsa, aż uzyska grubość około 1/2 cala.

3. Indyka posypać czosnkiem, rozmarynem oraz solą i pieprzem do smaku. Na wierzchu ułóż prosciutto. Zaczynając od dłuższego boku, zwiń mięso w rulon. Połóż skórę z indyka na wierzchu bułki. Zawiąż rolkę sznurkiem kuchennym w odstępach 2 cali. Umieść roladę łączeniem do dołu w przygotowanej formie. Skropić oliwą i posypać solą i pieprzem.

4. Piec indyka przez 50 do 60 minut lub do momentu, aż wewnętrzna temperatura mięsa wskaże 155°F na termometrze z natychmiastowym odczytem. Przed pokrojeniem odstaw na 15 minut. Podawać na gorąco lub w temperaturze pokojowej.

Gotowany klops z indyka

Polpettone di Tacchino

Na 6 porcji

We Włoszech indyk jest często krojony na kawałki lub mielony, a nie pieczony w całości. Ten piemoncki chleb jest gotowany w koszulce, co nadaje mu konsystencję bardziej przypominającą pasztet.

Ten chleb jest dobry zarówno na zimno, jak i na ciepło. Podaj z_Zielony sos_lub świeży sos pomidorowy.

4 lub 5 kromek włoskiego chleba, usuń skórkę i pokrój na kawałki (około 1 filiżanki)

1/2 szklanki mleka

2 łyżki posiekanej świeżej natki pietruszki

1 duży ząbek czosnku

4 uncje boczku, posiekanego

½ szklanki świeżo startego Parmigiano-Reggiano

Sól i świeżo zmielony czarny pieprz

1 kilogram mielonego indyka

2 duże jajka

¼ szklanki pistacji, obranych i grubo posiekanych

1. Namoczyć chleb w zimnym mleku na 5 minut lub do momentu, aż będzie miękki. Delikatnie wyciśnij chleb i włóż go do robota kuchennego wyposażonego w stalowe ostrze. Wyrzuć mleko.

2. Dodać pietruszkę, czosnek, pancettę, ser oraz sól i pieprz do smaku. Przetwarzaj aż do drobno posiekanego. Dodaj indyka i jajka i mieszaj, aż masa będzie gładka. Za pomocą szpatułki dodaj pistacje.

3. Połóż kawałek wilgotnej szmatki o wymiarach 14 x 12 cali na płaskiej powierzchni. Uformuj mieszankę z indyka w bochenek o wymiarach 8 x 3 cale i wyśrodkuj go na szmatce. Owiń indyka szmatką i owiń go całkowicie. Używając sznurka kuchennego, zawiąż chleb w odstępach 2 cali, tak jak wiązałbyś stek.

4. Napełnij duży garnek 3 litrami zimnej wody. Doprowadzić płyn do wrzenia.

5. Dodaj chleb i gotuj pod częściowym przykryciem przez 45 minut lub do momentu, aż sok będzie klarowny po nakłuciu chleba widelcem.

6. Wyjąć chleb z płynu i pozostawić do ostygnięcia na 10 minut. Rozpakuj i pokrój do podania.

Roladki z indyka w sosie pomidorowym z czerwonego wina

Rollatini w sosie z różanego wina

Na 4 porcje

Kiedy wyszłam za mąż, sąsiadka dała mi przepis z rodzinnego regionu Apulii. Bawiłem się nim przez lata i chociaż używał kotletów cielęcych, wolę robić go z indykiem. Roladki można przygotować wcześniej i przechowywać w lodówce. Odgrzewają się bardzo dobrze dzień lub dwa później.

4 uncje mielonej wołowiny lub indyka

2 uncje boczku, drobno posiekanego

1 1/4 szklanki posiekanej świeżej pietruszki

1 mały ząbek czosnku, drobno posiekany

1/4 szklanki suchej bułki tartej

Sól i świeżo zmielony czarny pieprz

11/4 funta cienko pokrojonych kotletów z indyka, pokrojonych na 12 kawałków

2 łyżki oliwy z oliwek

1/2 szklanki wytrawnego czerwonego wina

2 szklanki świeżych pomidorów, obranych, wypestkowanych i posiekanych lub pomidorów z puszki, odsączonych i posiekanych

Szczypta mielonej czerwonej papryki

1. W dużej misce wymieszaj cielęcinę, pancettę, pietruszkę, czosnek, bułkę tartą oraz sól i pieprz do smaku. Z powstałej mieszanki uformuj 12 małych kiełbasek o długości około 3 cali. Na końcu kotleta z indyka połóż kiełbasę. Zwiń mięso tak, aby przykryć kiełbasę. Za pomocą wykałaczki przypnij bułkę na środku, równolegle do bułki. Powtórz tę czynność z pozostałymi kiełbaskami i kotletami.

2. Na średniej patelni rozgrzej oliwę z oliwek na średnim ogniu. Dodajemy bułki i smażymy je ze wszystkich stron przez około 10 minut. Dodać wino i doprowadzić do wrzenia. Smaż przez 1 minutę, obracając bułki.

3. Dodać pomidory, sól do smaku i szczyptę mielonej czerwonej papryki. Zmniejsz ogień do niskiego. Częściowo przykryj patelnię. Gotuj, dodając w razie potrzeby odrobinę ciepłej wody,

aby sos nie wyschnął zbyt mocno, przez 20 minut lub do momentu, aż bułki będą miękkie po nakłuciu widelcem.

4.Roladki przełożyć na talerz. Wyjmij pałeczki i polej sosem na wierzchu. Podaje się na gorąco.

Pierś z kaczki ze słodko-kwaśnymi figami

Petto di Anatra z Agrodolce di Fichi

Na 4 porcje

Ten współczesny piemoncki przepis na smażoną pierś z kaczki z figami i octem balsamicznym jest idealny na wyjątkowy obiad. Pierś z kaczki najlepiej smakuje ugotowana na średnim ogniu, gdy jest jeszcze różowa w najgrubszej części. Podawać ze szpinakiem posmarowanym masłem i zapiekanką ziemniaczaną.

2 piersi z kaczki bez kości (około 2 kg każda)

Sól i świeżo zmielony czarny pieprz

8 świeżych, dojrzałych fig, zielonych lub czarnych, lub figi suszone

1 łyżka cukru

1/4 szklanki dojrzałego octu balsamicznego

1 łyżka niesolonego masła

1 łyżka posiekanej świeżej natki pietruszki

1. Wyjmij pierś z kaczki z lodówki na 30 minut przed pieczeniem. Opłucz pierś z kaczki i osusz. Wykonaj 2 lub 3 ukośne nacięcia w

skórze piersi kaczki, nie przecinając mięsa. Posypać obficie solą i pieprzem.

2. W międzyczasie pokrój świeże figi na pół lub na ćwiartki, jeśli są duże. Jeśli używasz suszonych fig, namocz je w ciepłej wodzie, aż będą pulchne, od 15 do 30 minut. Odcedzić, następnie pokroić na ćwiartki.

3. Umieść ruszt na środku piekarnika. Rozgrzej piekarnik do 150° F. Przygotuj małą blachę do pieczenia.

4. Rozgrzej dużą patelnię z powłoką nieprzywierającą na średnim ogniu. Dodaj pierś z kaczki skórą do dołu. Gotuj kaczkę, nie obracając jej, aż będzie dobrze rumiana od strony skóry, 4-5 minut.

5. Nasmaruj blachę do pieczenia odrobiną kaczego tłuszczu z blachy. Połóż pierś kaczki skórą do góry na patelni i piecz przez 5 do 6 minut lub do momentu, aż mięso będzie różowe po przecięciu w najgrubszej części.

6. Kiedy kaczka jest w piekarniku, zlej tłuszcz z patelni, ale go nie wycieraj. Dodać figi, cukier i ocet balsamiczny. Gotuj, obracając patelnię, aż płyn stanie się lekko gęsty, około 2 minut. Zdejmij z ognia i dodaj masło.

7. Gdy będą gotowe, połóż piersi z kaczki na desce do krojenia. Pokrój piersi w ukośne plasterki o grubości 3/4 cala. Ułóż plastry na 4 ciepłych talerzach. Wlać sos figowy. Posyp natką pietruszki i od razu podawaj.

Pieczona kaczka z przyprawami

Gatunek kaczki allo

Na 2 do 4 porcji

W Piemoncie dzikie kaczki gotuje się z czerwonym winem, octem i przyprawami. Ponieważ różne odmiany domowych kaczek po pekińsku dostępnych w Stanach Zjednoczonych są bardzo tłuste, zaadaptowałem ten przepis do pieczenia. W kaczce nie ma dużo mięsa, więc spodziewaj się, że dostaniesz tylko dwie duże porcje lub cztery małe. Nożyce do drobiu są bardzo pomocne przy krojeniu kaczki na kawałki.

1 kaczka (około 5 funtów)

2 ząbki czosnku, posiekane

2 średnie cebule, pokrojone w cienkie plasterki

1 łyżka świeżo posiekanego rozmarynu

3 całe goździki

1/2 łyżeczki mielonego cynamonu

1/4 szklanki wytrawnego czerwonego wina

2 łyżki czerwonego octu winnego

1. Za pomocą widelca nakłuj skórę po całej powierzchni, aby tłuszcz spłynął podczas smażenia. Uważaj, aby przekłuć tylko powierzchnię skóry i unikać przekłuwania miąższu.

2. W średniej misce wymieszaj czosnek, cebulę, rozmaryn, goździki i cynamon. Rozłóż około jednej trzeciej mieszanki w średnim naczyniu do pieczenia. Umieść kaczkę na patelni i napełnij niewielką ilością mieszanki. Połóż resztę mieszanki na kaczce. Przykryj i wstaw do lodówki na noc.

3. Umieść ruszt na środku piekarnika. Rozgrzej piekarnik do 100°C. Usuń składniki marynaty z kaczki i umieść je na patelni. Pieczemy pierś kaczki stroną do dołu przez 30 minut.

4. Obróć pierś kaczki na drugą stronę, polej winem i octem. Piec przez 1 godzinę, polewając co 15 minut płynem z patelni. Zwiększ temperaturę piekarnika do 400°F. Piecz przez dodatkowe 30 minut lub do momentu, aż kaczka będzie dobrze rumiana, a temperatura na udzie osiągnie 175°F na termometrze z odczytem natychmiastowym.

5. Przenieś kaczkę na deskę do krojenia. Przykryj folią aluminiową i odstaw na 15 minut. Odcedź sok z patelni i usuń tłuszcz łyżką. W razie potrzeby podgrzej soki z patelni.

6.Kaczkę pokroić na kawałki i podawać na gorąco z sokami.

Przepiórka na patelni z borowikami

Quaglie na patelniach z borowikami

Na 4 do 8 porcji

W Buttrio, we Friuli-Wenecji Julijskiej, zjedliśmy z mężem w Trattoria Al Parco, restauracji działającej od lat 20. XX w. Sercem restauracji jest fogolar, czyli ogromny kominek typowy dla domów w tej okolicy. . Mieszkańcy Friuli często przywołują miłe wspomnienia z dzieciństwa, dotyczące nocy spędzonych przy ognisku, gotowania i opowiadania historii. Co wieczór rozpalane jest palenisko Al Parco, na którym piecze się mięso i grzyby. Specjalnością tamtej nocy były pisklęta w bogatym sosie grzybowym.

1 uncja suszonych borowików (około 3/4 szklanki)

2 szklanki gorącej wody

8 przepiórek, przygotowanych jak wskazano po prawej stronie

8 liści szałwii

4 plasterki boczku

Sól i świeżo zmielony czarny pieprz

2 łyżki niesolonego masła

1 łyżka oliwy z oliwek

1 mała cebula, drobno posiekana

1 drobno posiekana marchewka

1 żebro delikatnego selera, drobno posiekane

1/2 szklanki wytrawnego białego wina

2 łyżeczki koncentratu pomidorowego

1. Grzyby namoczyć w wodzie na co najmniej 30 minut. Wyjmij grzyby z wody, zachowując płyn. Opłucz grzyby pod zimną bieżącą wodą, zwracając szczególną uwagę na końcówki łodyg, gdzie zbiera się brud. Odcedzony płyn grzybowy przecedź do miski przez gazę lub papierowy filtr do kawy. Grzyby grubo posiekać. Odłożyć na bok.

2. Opłucz przepiórkę wewnątrz i na zewnątrz, a następnie dobrze osusz. Sprawdź, czy nie ma piór i usuń je. Do środka włóż kawałek boczku, listek szałwii oraz szczyptę soli i picprzu.

3. Na dużej patelni rozgrzej masło i olej na średnim ogniu. Dodaj przepiórkę i smaż, obracając od czasu do czasu, aż dobrze się zarumieni ze wszystkich stron, około 15 minut. Przełóż

przepiórki na talerz. Na patelnię dodaj cebulę, marchewkę i seler. Gotuj, często mieszając, przez 5 minut lub do miękkości.

4. Dodać wino i dusić przez 1 minutę. Dodać grzyby, koncentrat pomidorowy i płyn grzybowy. Włóż przepiórkę na patelnię. Posypać solą i pieprzem.

5. Doprowadzić płyn do wrzenia. Zmniejsz ogień do niskiego. Przykryj i gotuj, od czasu do czasu obracając i polewając przepiórkę, około 1 godziny lub do momentu, aż ptaki będą bardzo miękkie po nakłuciu widelcem.

6. Jeśli na patelni jest za dużo płynu, wyjmij przepiórkę na półmisek i przykryj folią aluminiową, aby utrzymać ciepło. Zwiększ ogień do dużego i gotuj płyn, aż się zredukuje. Sosem polej przepiórkę i natychmiast podawaj.

Przepiórka z grilla

Qualie alla Griglia

Porcja od 2 do 4

Restauracja La Badia w Orvieto specjalizuje się w mięsie z grilla na drewnie. Kiełbaski, ptaki i duże steki powoli obracają się nad płomieniami, wypełniając restaurację pysznymi aromatami. Te przepiórki, gotowane na grillu lub na rożnie, inspirowane są tymi, które jedliśmy w Umbrii. Ptaki stają się chrupiące na zewnątrz i soczyste w środku.

4 przepiórki, rozmrożone, jeśli zostały zamrożone

1 duży ząbek czosnku, drobno posiekany

1 łyżka świeżo posiekanego rozmarynu

1/4 szklanki oliwy z oliwek

Sól i świeżo zmielony czarny pieprz

1 cytryna pokrojona w plasterki

1. Opłucz przepiórkę wewnątrz i na zewnątrz, a następnie dobrze osusz. Sprawdź, czy nie ma piór i usuń je. Za pomocą nożyc do drobiu przekrój przepiórkę na pół wzdłuż grzbietu i mostka.

Delikatnie rozbij połówki przepiórek tłuczkiem do mięsa lub gumowym młotkiem, aby lekko je spłaszczyć.

2. W dużej misce wymieszaj czosnek, rozmaryn, oliwę, sól i pieprz do smaku. Dodaj przepiórkę do miski, podrzucając do sierści. Przykryj i wstaw do lodówki na 1 godzinę do nocy.

3. Umieść grill lub grill w odległości około 5 cali od źródła ciepła. Rozgrzej grill lub grill.

4. Grilluj lub smaż połówki przepiórek, aż będą dobrze rumiane po obu stronach, około 10 minut. Podaje się na gorąco z plasterkami cytryny.

Przepiórka z pomidorami i rozmarynem

Quaglie w sosie

Na 4 do 8 porcji

Moise, położone na wybrzeżu Adriatyku w południowych Włoszech, to jeden z mniej znanych regionów kraju. Ma głównie charakter rolniczy, z niewielką liczbą obiektów turystycznych i do lat 60. XX wieku był właściwie częścią połączonego regionu Abruzji i Molise. Mój mąż i ja pojechaliśmy odwiedzić Majo di Norante, winiarnię i gospodarstwo agroturystyczne (gospodarstwo rolne lub winiarnię, która pełni także funkcję zajazdu), w którym produkowane są jedne z najlepszych win w regionie.

Miałem przepiórkę przygotowaną w lekkim sosie pomidorowym doprawionym rozmarynem w Vecchia Trattoria da Tonino w Campobasso. Spróbuj z winem Majo di Norante, takim jak sangiovese.

1 mała posiekana cebula

2 uncje posiekanego boczku

2 łyżki oliwy z oliwek

8 świeżych lub rozmrożonych mrożonych przepiórek

1 łyżka świeżo posiekanego rozmarynu

Sól i świeżo zmielony czarny pieprz

3 łyżki koncentratu pomidorowego

1 szklanka wytrawnego białego wina

1. Na dużej patelni z dobrze dopasowaną pokrywką podsmaż cebulę i pancettę na oliwie z oliwek na średnim ogniu, aż cebula stanie się złotobrązowa, około 10 minut. Rozłóż składniki na boki patelni.

2. Opłucz przepiórkę wewnątrz i na zewnątrz, a następnie dobrze osusz. Sprawdź, czy nie ma piór i usuń je. Dodaj przepiórkę na patelnię i smaż ze wszystkich stron, około 15 minut. Posypać rozmarynem oraz solą i pieprzem do smaku.

3. W małej misce wymieszaj koncentrat pomidorowy i wino. Wlać mieszaninę na przepiórkę i dobrze wymieszać. Zmniejsz ogień do niskiego. Przykryj i gotuj, od czasu do czasu obracając przepiórkę, około 50 minut lub do momentu, aż będzie bardzo miękka po przebiciu widelcem. Podaje się na gorąco.

Duszona przepiórka

Gulasz Quaglie

Na 4 porcje

Gianni Cosetti jest szefem kuchni i właścicielem restauracji Roma w Tolmezzo, w górzystym regionie Carnia we Friuli-Wenecji Julijskiej. Słynie z nowoczesnych interpretacji tradycyjnych receptur i lokalnych składników. Kiedy tam jadłem, powiedział mi, że według tego przepisu tradycyjnie przyrządza się małe ptaki łowne, które złowiono podczas corocznej migracji przez ten region. Obecnie Gianni wykorzystuje wyłącznie świeże ptaki łowne i zawija je w kurtkę z pancettą, dzięki czemu podczas gotowania pozostają wilgotne i delikatne. Polecił podać je ze schioppetino, czerwonym winem z Friuli.

8 przepiórek

16 jagód jałowca

Około 16 świeżych listków szałwii

4 ząbki czosnku pokroić w cienkie plasterki

Sól i świeżo zmielony czarny pieprz

8 cienkich plastrów boczku

2 łyżki niesolonego masła

2 łyżki oliwy z oliwek

1 szklanka wytrawnego białego wina

1. Opłucz przepiórkę wewnątrz i na zewnątrz, a następnie dobrze osusz. Sprawdź, czy nie ma piór i usuń je. Każdą przepiórkę nadziewamy 2 jagodami jałowca, listkiem szałwii i kilkoma ząbkami czosnku. Doprawić ptaki solą i pieprzem. Na wierzchu każdej przepiórki połóż liść szałwii. Rozwiń pancettę i owiń plasterkiem każdą przepiórkę. Zawiąż kawałek sznurka kuchennego wokół boczku, aby utrzymać go na miejscu.

2. Na dużej patelni z szczelnie przylegającą pokrywką rozpuść masło z olejem na średnim ogniu. Dodaj przepiórkę i obsmaż ptaki ze wszystkich stron, około 15 minut.

3. Dodać wino i doprowadzić do wrzenia. Przykryj patelnię, zmniejsz ogień i gotuj, obracając i polewając kilka razy przepiórkę płynem, przez 45 do 50 minut lub do momentu, aż przepiórka będzie bardzo miękka. Jeśli patelnia będzie zbyt sucha, dodaj trochę wody. Podaje się na gorąco.

Grillowany stek po florencku

Bistecca Fiorentina

Na 6 do 8 porcji

Najwyższej jakości wołowina we Włoszech pochodzi od dużej rasy białego bydła zwanej Chianina. Rasa ta, nazwana na cześć doliny Chiana w Toskanii, uważana jest za jeden z najstarszych typów bydła domowego. Pierwotnie trzymano je jako zwierzęta pociągowe i hodowano tak, aby były bardzo duże i posłuszne. Ponieważ maszyny przejęły pracę w nowoczesnych gospodarstwach, bydło Chianina jest obecnie hodowane ze względu na wysokiej jakości mięso.

Steki Porterhouse, czyli przekrój krótkiego polędwicy i polędwicy wołowej oddzielonych kością T, wycinane są z wołowiny Chianina i tak przyrządzane w Toskanii. Chociaż wołowina Chianina nie jest dostępna w Stanach Zjednoczonych, dzięki temu przepisowi nadal można uzyskać pyszne steki. Kupuj mięso najwyższej możliwej jakości.

2 steki z porterhouse o grubości 11/2 cala (około 2 funtów każdy)

Sól i świeżo zmielony czarny pieprz

Oliwa z oliwek z pierwszego tłoczenia

Plastry cytryny

1. Umieść patelnię lub grill w odległości około 4 cali od źródła ciepła. Rozgrzej grill lub grill.

2. Filety oprószyć solą i pieprzem. Grilluj mięso przez 4 do 5 minut. Obróć mięso szczypcami i smaż jeszcze około 4 minut w przypadku rzadkiego steku lub 5 do 6 minut w przypadku rzadkiego, w zależności od grubości steku. Aby sprawdzić, czy jest upieczony, wykonaj małe nacięcie w najgrubszej części. W przypadku dłuższego gotowania przenieś steki do chłodniejszej części grilla.

3. Odstaw filety na 5 minut, a następnie pokrój je w poprzek na cienkie plasterki. Posyp większą ilością soli i pieprzu. Skropić olejem. Podaje się na gorąco z plasterkami cytryny.

Stek z polewą balsamiczną

Stek balsamiczny

Na 6 porcji

Chudy stek bez kości doskonale smakuje posmarowany octem balsamicznym i oliwą z oliwek przed pieczeniem. Ocet balsamiczny zawiera naturalne cukry, więc zastosowany do mięs przed grillowaniem, pieczeniem lub grillowaniem pomaga utworzyć ładną brązową skórkę, która zamyka soki mięsne i dodaje łagodnego smaku. Użyj najlepszego octu balsamicznego, jaki możesz znaleźć.

2 łyżki oliwy z oliwek z pierwszego tłoczenia, plus więcej do skropienia

2 łyżki octu balsamicznego

1 ząbek drobno posiekanego czosnku

1 stek, około 1 1/2 funta

Sól i świeżo zmielony czarny pieprz

1. W płytkim naczyniu, wystarczająco dużym, aby pomieścić stek, połącz oliwę, ocet i czosnek. Dodaj stek, obracając, aby pokryć się marynatą. Przykryj i wstaw do lodówki na maksymalnie 1 godzinę, od czasu do czasu obracając stek.

2. Umieść patelnię lub grill w odległości około 4 cali od źródła ciepła. Rozgrzej grill lub grill. Wyjmij stek z marynaty i osusz. Grilluj lub grilluj stek przez 3 do 4 minut. Obróć mięso szczypcami i smaż jeszcze około 3 minut w przypadku średnio wysmażonego lub kolejne 4 minuty w przypadku średnio wysmażonego, w zależności od grubości steku. Aby sprawdzić, czy jest upieczony, wykonaj małe nacięcie w najgrubszej części. W przypadku dłuższego gotowania przenieś stek do chłodniejszej części grilla.

3. Doprawić stek solą i pieprzem. Odczekaj 5 minut, a następnie pokrój mięso w poprzek włókien na cienkie plasterki. Skropić odrobiną oliwy z oliwek z pierwszego tłoczenia.

Filet ze skorupek z szalotką, boczkiem i czerwonym winem

Stek z czerwonym winem

Na 4 porcje

Filety z delikatną skórką zyskują lepszy smak dzięki pancetcie, szalotce i czerwonemu winu.

2 łyżki niesolonego masła

1 gruby plaster pancetty (około 1 uncji), drobno posiekany

2 steki z flanki bez kości, o grubości około 1 cala

Sól i świeżo zmielony czarny pieprz

1/4 szklanki posiekanej szalotki

1/2 szklanki wytrawnego czerwonego wina

1/2 szklanki domowej roboty <u>bulion mięsny</u> lub kupowany w sklepie bulion wołowy

2 łyżki octu balsamicznego

1. Rozgrzej piekarnik do 200° F. Na dużej patelni rozpuść 1 łyżkę masła na średnim ogniu. Dodaj bekon. Gotuj, aż pancetta będzie złotobrązowa, około 5 minut. Wyjmij pancettę łyżką cedzakową i odlej tłuszcz.

2. Wysuszyć filety. Rozpuść pozostałą łyżkę masła na tej samej patelni na średnim ogniu. Gdy masło się spieni, umieść filety na patelni i smaż, aż dobrze się zarumienią, od 4 do 5 minut. Posypać solą i pieprzem. Obróć mięso szczypcami i smaż 4 minuty na drugiej stronie w przypadku rzadkiego mięsa lub 5 do 6 minut w przypadku rzadkiego. Aby sprawdzić, czy jest upieczony, wykonaj małe nacięcie w najgrubszej części. Filety przełóż na żaroodporny talerz i wstaw do piekarnika.

3. Dodaj szalotki na patelnię i smaż, mieszając, przez 1 minutę. Dodać wino, bulion i ocet balsamiczny. Doprowadzić do wrzenia i gotować, aż płyn będzie gęsty i syropowaty, około 3 minut.

4. Dodaj pancettę do soków z patelni. Sosem polej filety i natychmiast podawaj.

Pokrojony stek z rukolą

Straccetti di Manzo

Na 4 porcje

Straccetti oznacza „mały karp", do którego przypominają te wąskie paski mięsa. Przed przygotowaniem tego dania mięso należy przechowywać w lodówce, aż będzie wystarczająco twarde, aby można je było pokroić w cienkie plasterki. Przygotuj wszystkie składniki, ale sałatkę ubieraj dopiero przed ugotowaniem mięsa.

2 pęczki rukoli

4 łyżki oliwy z oliwek z pierwszego tłoczenia

1 łyżka octu balsamicznego

1 łyżka posiekanej szalotki

Sól i świeżo zmielony czarny pieprz

11/4 funta chudego steku bez kości lub innego delikatnego steku

1 łyżeczka świeżo posiekanego rozmarynu

1. Przytnij rukolę, odrzucając łodygi i posiniaczone liście. Umyj je kilkoma zmianami zimnej wody. Bardzo dobrze suszy. Rukolę pokroić na małe kawałki.

2. W dużej misce wymieszaj 2 łyżki oliwy, ocet, szalotkę, sól i pieprz do smaku.

3. Za pomocą ostrego noża pokrój stek w poprzek na bardzo cienkie plasterki. Podgrzej dużą, ciężką patelnię na średnim ogniu. Gdy będzie już bardzo gorące, dodaj pozostałe 2 łyżki oliwy z oliwek. Połóż plastry wołowiny na patelni w jednej warstwie, w razie potrzeby partiami, i smaż do zrumienienia, około 2 minut. Obróć mięso szczypcami, posyp solą i pieprzem. Gotuj, aż bardzo lekko się zrumieni, około 1 minuty, ledwo.

4. Rukolę wymieszaj z dressingiem i przełóż na talerz. Połóż kawałki wołowiny na rukoli i posyp rozmarynem. Natychmiast podawaj.

Steki wołowe z gorgonzolą

Fileto di Manzo z Gorgonzolą

Na 4 porcje

Steki z polędwicy mają łagodny smak, ale ten wystawny sos nadaje im mnóstwo charakteru. Poproś rzeźnika, aby pokroił steki na grubość nie większą niż 1 1/4 cala, aby ułatwić gotowanie, i zawiąż każdy stek sznurkiem kuchennym, aby zachował swój kształt. Przed rozpoczęciem gotowania upewnij się, że odmierzyłeś i ułożyłeś wszystkie składniki, ponieważ proces gotowania przebiega naprawdę szybko.

4 steki z polędwicy o grubości około 1 cala

Oliwa z oliwek z pierwszego tłoczenia

Sól i świeżo zmielony czarny pieprz

3 łyżki niesolonego masła

1 mała szalotka, drobno posiekana

1 1/4 szklanki wytrawnego białego wina

1 łyżka musztardy Dijon

Około 4 uncji sera gorgonzola, obranego i pokrojonego na kawałki

1. Filety posmaruj oliwą i posyp solą i pieprzem. Przykryj i przechowuj w lodówce. Wyjmij steki z lodówki na około 1 godzinę przed pieczeniem.

2. Rozgrzej piekarnik do 200° F. Rozpuść 2 łyżki masła na dużej patelni na średnim ogniu. Gdy piana maślana opadnie, osusz filety. Umieść je na patelni i smaż na złoty kolor, od 4 do 5 minut. Obróć mięso szczypcami i usmaż drugą stronę, 4 minuty w przypadku rzadkiego lub 5 do 6 minut w przypadku rzadkiego. Aby sprawdzić, czy jest upieczony, wykonaj małe nacięcie w najgrubszej części. Filety przełóż na żaroodporny talerz i wstaw do piekarnika.

3. Dodaj szalotki na patelnię i smaż, mieszając, przez 1 minutę. Dodać wino i musztardę. Zmniejsz ogień i dodaj gorgonzolę. Dodaj sok, który zebrał się wokół steku. Zdejmij z ognia i dodaj pozostałą 1 łyżkę masła.

4. Sosem polej filety i podawaj.

Roladki mięsne nadziewane sosem pomidorowym

Kotlety Pomodoro

Na 4 porcje

Cienkie plasterki wołowiny idealnie nadają się do bra-zoll, pikantnego, wolno gotowanego dania. Szukaj dużych kawałków mięsa bez dużej ilości tkanki łącznej, aby dobrze trzymało swój kształt.

Braciole można ugotować jako część<u>Ragout neapolitański</u>. Niektórzy kucharze nadziewają kotlety jajkiem na twardo, inni do podstawowego nadzienia dodają rodzynki i orzeszki piniowe.

4 cienkie plasterki wołowiny bez kości, około 1 kilograma

3 ząbki czosnku, drobno posiekane

2 łyżki startego sera Pecorino Romano

2 łyżki posiekanej świeżej natki pietruszki

Sól i świeżo zmielony czarny pieprz

2 łyżki oliwy z oliwek

1 szklanka wytrawnego czerwonego wina

2 szklanki importowanych włoskich pomidorów z puszki z sokiem, przepuszczonych przez młyn spożywczy

4 świeże liście bazylii, pokrojone na małe kawałki

1. Umieść mięso pomiędzy 2 kawałkami folii i delikatnie ubij je płaską stroną maszynki do mięsa lub gumowym młotkiem, aż uzyska równą grubość 1/8 cala. Wyrzuć górny plastikowy element.

2. Zarezerwuj 1 ząbek mielonego czosnku do sosu. Mięso posypać pozostałym czosnkiem, serem, natką pietruszki oraz solą i pieprzem do smaku. Zwiń każdy kawałek jak kiełbasę i zawiąż jak mały stek bawełnianym sznurkiem kuchennym.

3. W dużym garnku rozgrzej olej. Dodaj kotlety. Gotuj, od czasu do czasu obracając mięso, aż będzie rumiane ze wszystkich stron, około 10 minut. Posyp mięso pozostałym czosnkiem i smaż przez 1 minutę. Dodać wino i dusić przez 2 minuty. Dodaj pomidory i bazylię.

4. Przykryj i gotuj na małym ogniu, od czasu do czasu obracając mięso, aż będzie miękkie po nakłuciu widelcem, około 2 godzin. Jeśli sos stanie się zbyt gęsty, dodaj trochę wody. Podaje się na gorąco.

Wołowina i piwo

Carbonata di Bue

Na 6 porcji

Wołowina, piwo i cebula to zwycięskie połączenie w tym gulaszu z Górnej Adygi. Przypomina francuski kotlet wołowy zza granicy.

Wołowina bez kości to dobry pomysł na gulasz. Ma wystarczającą marmurkowatość, aby zachować wilgoć podczas długiego gotowania.

4 łyżki niesolonego masła

2 łyżki oliwy z oliwek

3 średnie cebule (około 1 kilograma), pokrojone w cienkie plasterki

Gulasz wołowy bez kości o wadze 3 funtów, pokrojony na 11/2-calowe kawałki

1 1/2 szklanki mąki uniwersalnej

12 uncji piwa dowolnego rodzaju

2 szklanki obranych, wypestkowanych i posiekanych świeżych pomidorów lub przecieru pomidorowego z puszki

Sól i świeżo zmielony czarny pieprz

1. Rozpuść 2 łyżki masła z 1 łyżką oleju na dużej patelni na średnim ogniu. Dodaj cebulę i smaż, często mieszając, aż cebula lekko się zarumieni, około 20 minut.

2. W dużym garnku lub innym głębokim, ciężkim garnku z dobrze przylegającą pokrywką rozpuść pozostałe masło z olejem na średnim ogniu. Połowę mięsa obtocz w mące i strząśnij jej nadmiar. Kawałki dobrze obsmaż ze wszystkich stron, około 10 minut. Mięso przełożyć na talerz. Powtórzyć z resztą mięsa.

3. Usuń tłuszcz z zapiekanki. Dodaj piwo i gotuj na wolnym ogniu, zdrapując dno patelni, aby zmieszać zrumienione kawałki z piwem. Gotuj przez 1 minutę.

4. Umieść ruszt na środku piekarnika. Rozgrzej piekarnik do 375° F. Włóż całe mięso do zapiekanki. Dodać cebulę, pomidory, sól i pieprz do smaku. Doprowadzić płyn do wrzenia.

5. Przykryj naczynie żaroodporne i piecz w piekarniku, od czasu do czasu mieszając, przez 2 godziny lub do momentu, aż mięso będzie miękkie po nakłuciu nożem. Podaje się na gorąco.

Gulasz wołowo-cebulowy

Carbonada

Na 6 porcji

W Trydencie-Górnej Adydze ten gulasz o podobnej nazwie do poprzedniego przyrządza się z czerwonego wina i przypraw. Czasami wołowinę zastępuje się dziczyzną lub inną dziczyzną. Lekka, maślana polenta to klasyczny dodatek do tego obfitego gulaszu, ale ja też ją lubięPuree z kalafiora.

3 łyżki niesolonego masła

3 łyżki oliwy z oliwek

2 średnie cebule, pokrojone w ćwiartki i cienkie plasterki

1 1/2 szklanki mąki uniwersalnej

3 funty wołowiny bez kości, pokrojonej na 2-calowe kawałki

1 szklanka wytrawnego czerwonego wina

1/8 łyżeczki mielonego cynamonu

1/8 łyżeczki mielonych goździków

⅛ łyżeczki mielonej gałki muszkatołowej

1 szklanka bulionu wołowego

Sól i świeżo zmielony czarny pieprz

1. Na dużej patelni rozpuść 1 łyżkę masła z 1 łyżką oleju na średnim ogniu. Dodaj cebulę i smaż, mieszając od czasu do czasu, aż zmięknie, około 15 minut.

2. W dużym garnku lub innym głębokim, ciężkim garnku z dobrze przylegającą pokrywką rozpuść pozostałe masło z olejem na średnim ogniu. Rozłóż mąkę na arkuszu woskowanego papieru. Mięso obtaczamy w mące, strzepując jej nadmiar. Dodaj wystarczającą ilość kawałków na patelnię, aby wygodnie się zmieściły i nie spychały. Gdy mięso się zrumieni, przełóż je na talerz i w ten sam sposób podsmaż resztę mięsa.

3. Gdy całe mięso będzie zrumienione i usunięte, dodaj wino na patelnię i gotuj na wolnym ogniu, zdrapując dno patelni, aby zmieszać zrumienione kawałki z winem. Gotuj przez 1 minutę.

4. Mięso z powrotem włóż na patelnię. Dodać cebulę, przyprawy i bulion. Doprawić solą i pieprzem. Doprowadź do wrzenia i przykryj patelnię. Gotuj, mieszając od czasu do czasu, przez 3 godziny lub do momentu, aż mięso będzie bardzo miękkie po

nakłuciu widelcem. Jeśli płyn stanie się zbyt gęsty, dodaj trochę wody. Podaje się na gorąco.

Gulasz wołowy z papryką

Peposo

Na 6 porcji

Toskańczycy robią ten pikantny gulasz z udkami cielęcymi lub wołowymi, ja jednak wolę używać ribeye cielęcego bez kości. Według Giovanniego Righi Parenti, autora La Grande Cucina Toscana, kiedy dawno temu pieprz był zaporowo drogi, kucharze oszczędzali ziarna pieprzu z plasterków salami, dopóki nie wystarczyło go na peposo.

Mój przyjaciel Marco Bartolini Baldelli, właściciel winnicy Fattoria di Bagnolo, powiedział mi, że ten gulasz był jednym z ulubionych toskańskich ceglarzy z miasteczka Impruneta, którzy gotowali go w swoich piekarnikach. Butelka Fattoria di Bagnolo Chianti Colli Fiorentini Riserva będzie idealnym dodatkiem.

2 łyżki oliwy z oliwek

3 funty wołowiny pokrojonej na 2-calowe kawałki

Sól i świeżo zmielony czarny pieprz

2 ząbki czosnku, drobno posiekane

2 szklanki wytrawnego czerwonego wina

1/2 szklanki pomidorów obranych, wypestkowanych i posiekanych

1 łyżeczka świeżo zmielonego czarnego pieprzu lub do smaku

1. W dużym holenderskim piekarniku lub innym głębokim, ciężkim garnku z dobrze przylegającą pokrywką rozgrzej olej na średnim ogniu. Mięso osuszyć i obsmażyć ze wszystkich stron partiami, tak aby nie zapychały patelni, przez około 10 minut na porcję. Posypać solą i pieprzem. Mięso przełożyć na talerz.

2. Do tłuszczu na patelni dodajemy czosnek. Dodać czerwone wino, sól i pieprz do smaku oraz pomidory. Doprowadzić do wrzenia i ponownie wrzucić mięso na patelnię. Dodaj tyle zimnej wody, aby zakryła mięso. Przykryj garnek. Zmniejsz ogień do małego i gotuj, od czasu do czasu mieszając, przez 2 godziny.

3. Dodaj wino i gotuj przez dodatkową godzinę lub do momentu, aż mięso będzie bardzo miękkie po nakłuciu widelcem. Posmakuj i dopraw do smaku. Podaje się na gorąco.

Gulasz wołowy friuli

Manzo w Squazecie

Na 6 porcji

Kurczak, wołowina i kaczka to tylko niektóre z różnych rodzajów mięsa gotowanych w escazote, co w dialekcie Friuli-Wenecji Julijskiej oznacza „załadowany".

1/2 szklanki suszonych borowików

1 szklanka ciepłej wody

1/4 szklanki oliwy z oliwek

3 funty wołowiny pokrojonej na 2-calowe kawałki

2 duże cebule, drobno posiekane

2 łyżki koncentratu pomidorowego

1 szklanka wytrawnego czerwonego wina

2 liście laurowe

Szczypta zmielonych goździków

Sól i świeżo zmielony czarny pieprz

2 domowe kubki **bulion mięsny** lub kupowany w sklepie bulion wołowy

1. Grzyby namoczyć w wodzie na 30 minut. Usuń grzyby i zachowaj płyn. Opłucz grzyby pod zimną wodą, aby usunąć piasek, zwracając szczególną uwagę na końcówki łodyg, gdzie gromadzi się brud. Grzyby grubo posiekać. Płyn grzybowy przecedzić przez papierowy filtr do kawy do miski.

2. Na dużej patelni rozgrzej olej na średnim ogniu. Wysuszyć mięso. Dodać mięso i dobrze obsmażyć ze wszystkich stron, około 10 minut, w miarę zarumieniania przenosić kawałki na talerz.

3. Dodaj cebulę do garnka i smaż, aż zmięknie, około 5 minut. Dodaj koncentrat pomidorowy. Dodać wino i doprowadzić płyn do wrzenia.

4. Mięso z powrotem włóż na patelnię. Dodać grzyby i ich płyn, liście laurowe, goździki oraz sól i pieprz do smaku. Dodaj bulion. Przykryj i gotuj na wolnym ogniu, mieszając od czasu do czasu, aż mięso będzie miękkie, a płyn się zmniejszy, od 2,5 do 3 godzin. Jeśli płynu jest za dużo, na ostatnie 30 minut otwórz garnek. Usuń liście laurowe. Podaje się na gorąco.

Gulasz z mieszanych mięs, po myśliwsku

Scottiglia

Na 8 do 10 porcji

W Toskanii, gdy brakowało mięsa, kilku myśliwych zbierało i dostarczało małe kawałki mięsa, jakie posiadali, do przygotowania tego złożonego gulaszu. Można dodać lub zastąpić wszystko, od wołowiny, kurczaka, jagnięciny lub wieprzowiny po bażanta, królika lub perliczkę. Im większa różnorodność mięs, tym bogatszy smak gulaszu.

1/4 szklanki oliwy z oliwek

1 kurczak, pokroić na 8 porcji

1 funt gulaszu wołowego bez kości, pokrojony na 2-calowe kawałki

1 funtowa łopatka jagnięca, pokrojona na 2-calowe kawałki

1 funtowa łopatka wieprzowa, pokrojona na 2-calowe kawałki

1 duża czerwona cebula, drobno posiekana

2 delikatne żeberka selera, posiekane

2 duże marchewki, drobno posiekane

2 ząbki czosnku, drobno posiekane

1 szklanka wytrawnego czerwonego wina

Sól

½ łyżeczki mielonej czerwonej papryki

2 szklanki posiekanych pomidorów, świeżych lub z puszki

1 łyżka świeżo posiekanego rozmarynu

2 domowe kubki<u>Rosół,bulion mięsny</u>lub kupiony w sklepie bulion wołowy lub drobiowy

Udekorować

8 kromek chleba włoskiego lub francuskiego

2 duże ząbki czosnku, obrane

1. W holenderskim piekarniku, wystarczająco dużym, aby pomieścić wszystkie składniki, lub w innym głębokim, ciężkim garnku z ściśle przylegającą pokrywką, rozgrzej olej na średnim ogniu. Wysuszyć mięso. Dodaj tylko tyle kawałków, ile wygodnie zmieści się w jednej warstwie. Kawałki dobrze obsmaż ze wszystkich stron, około 10 minut na partię, a następnie przełóż na talerz. Kontynuuj, aż całe mięso się zrumieni.

2. Na patelnię dodaj cebulę, seler, marchewkę i czosnek. Gotuj, często mieszając, aż będzie miękka, około 10 minut.

3. Włóż mięso z powrotem na patelnię, dodaj wino, sól do smaku i zmielony czerwony pieprz. Doprowadzić płyn do wrzenia. Dodać pomidory, rozmaryn i bulion. Zmniejsz ogień tak, aby płyn ledwo bulgotał. Gotuj, mieszając od czasu do czasu, aż wszystkie mięsa będą miękkie, około 90 minut. (Dodaj trochę wody, jeśli sos będzie zbyt suchy.)

4. Podpiecz kromki chleba i natrzyj je obranym czosnkiem. Mięso i sos ułożyć na dużym talerzu. Ułóż kromki chleba ze wszystkich stron. Podaje się na gorąco.

Gulasz wołowy

Gulasz di Manzo

Na 8 porcji

Północna część Trydentu-Górnej Adygi była kiedyś częścią Austrii; Włochy zaanektowały je po I wojnie światowej. W rezultacie jedzenie jest austriackie, ale z włoskim akcentem.

Suszone przyprawy, takie jak papryka, nadają się do spożycia tylko przez sześć miesięcy od otwarcia opakowania. Potem smak zanika. Przygotowując ten gulasz, warto kupić nowy słoik. Koniecznie używajcie papryki importowanej z Węgier. Możesz użyć dowolnej słodkiej papryki lub połączenia słodkiej i ostrej papryki, według własnych upodobań.

3 łyżki smalcu, tłuszczu z boczku lub oleju roślinnego

2 funty wołowiny bez kości, pokrojonej na 2-calowe kawałki

Sól i świeżo zmielony czarny pieprz

3 duże cebule, pokrojone w cienkie plasterki

2 ząbki czosnku, posiekane

2 szklanki wytrawnego czerwonego wina

1/4 szklanki węgierskiej słodkiej papryki lub połączenia słodkiej i ostrej papryki

1 liść laurowy

2-calowe paski skórki cytryny

1 łyżka podwójnie skoncentrowanej pasty pomidorowej

1 łyżeczka mielonego kminku

1/2 łyżeczki suszonego majeranku

świeży sok z cytryny

1. W dużym holenderskim piekarniku lub innym głębokim, ciężkim garnku z dobrze dopasowaną pokrywką rozgrzej masło lub tłuszcz na średnim ogniu. Mięso osusz i wrzucaj na patelnię tylko te kawałki, które mieszczą się wygodnie w jednej warstwie. Kawałki dobrze zrumienić ze wszystkich stron, około 10 minut na partię. Mięso przełożyć na talerz i posypać solą i pieprzem.

2. Dodaj cebulę na patelnię i smaż, często mieszając, aż zmięknie i stanie się złocista, około 15 minut. Dodaj czosnek. Dodaj wino i

zeskrob dno patelni. Mięso z powrotem włóż na patelnię. Doprowadzić płyn do wrzenia.

3. Dodać paprykę, liść laurowy, skórkę z cytryny, koncentrat pomidorowy, kminek i majeranek. Dodaj tyle wody, aby zakryła mięso.

4. Przykryj garnek i gotuj przez 2,5–3 godziny lub do momentu, aż mięso będzie miękkie. Dodaj sok z cytryny. Usuń liść laurowy i skórkę z cytryny. Posmakuj i dopraw do smaku. Podaje się na gorąco.

Gulasz wołowy w stylu rzymskim

Coda alla Vaccinara

Na 4 do 6 porcji

Chociaż ogony ogonowe nie mają dużo mięsa, są bardzo smaczne i delikatne, gdy są ugotowane po rumuńsku. Resztki sosu dobrze komponują się z rigatoni lub innym grubo krojonym makaronem.

1 1/4 szklanki oliwy z oliwek

3 kg ogona ogonowego, pokrojonego na 1,5-calowe kawałki

1 duża posiekana cebula

2 ząbki czosnku, drobno posiekane

1 szklanka wytrawnego czerwonego wina

2 1/2 szklanki obranych, wypestkowanych i posiekanych świeżych pomidorów lub odsączonych pomidorów z puszki, posiekanych

1/4 łyżeczki mielonych goździków

Sól i świeżo zmielony czarny pieprz

2 szklanki wody

6 delikatnych żeberek selera, posiekanych

1 łyżka posiekanej gorzkiej czekolady

3 łyżki orzeszków piniowych

3 łyżki rodzynek

1. W dużym garnku lub innym głębokim, ciężkim garnku z dobrze przylegającą pokrywką rozgrzej oliwę z oliwek. Ogona osuszamy i dodajemy na patelnię tylko te kawałki, które mieszczą się wygodnie w jednej warstwie. Kawałki dobrze zrumienić ze wszystkich stron, około 10 minut na partię. Przełożyć kawałki na talerz.

2. Dodać cebulę i smażyć, od czasu do czasu mieszając, aż będzie złocista. Dodaj czosnek i smaż przez kolejną 1 minutę. Dodać wino, zdrapując dno patelni.

3. Włóż ogon z powrotem na patelnię. Dodać pomidory, goździki, sól i pieprz do smaku oraz wodę. Przykryj patelnię i zagotuj płyn. Zmniejsz ogień i gotuj, mieszając od czasu do czasu, aż mięso będzie miękkie i odpadnie od kości, około 3 godziny.

4. W międzyczasie zagotuj w dużym rondlu wodę. Dodaj seler i gotuj przez 1 minutę. Dobrze odcedź.

5. Wymieszaj czekoladę na patelni z ogonami ogonowymi. Dodać seler, orzeszki piniowe i rodzynki. Doprowadzić do wrzenia. Podaje się na gorąco.

Sałatka colesław z duszoną wołowiną

Garretto przy winie

Na 6 porcji

W tym wolno gotowanym daniu o bogatym smaku grube plastry mielonej wołowiny gotowane są z warzywami i czerwonym winem. Towarzyszące ugotowane warzywa są puree z sokami powstałymi podczas gotowania, aby uzyskać pyszny sos do mięsa. Podawać z ziemniakami lub polentą lub polać odrobiną sosu<u>Gnocchi ziemniaczane</u>.

2 łyżki niesolonego masła

1 łyżka oliwy z oliwek

3 (11/2 cala grubości) plastry mielonej wołowiny (około 3 funtów), przycięte

Sól i świeżo zmielony czarny pieprz

4 pokrojone marchewki

3 żeberka selera, posiekane

1 duża posiekana cebula

2 szklanki wytrawnego czerwonego wina

1 liść laurowy

1. W dużym holenderskim piekarniku lub innym głębokim, ciężkim garnku z dobrze przylegającą pokrywką rozpuść masło z oliwą. Mięso osusz i obsmaż dobrze ze wszystkich stron, około 10 minut. Posypać solą i pieprzem. Mięso przełożyć na talerz.

2. Dodaj warzywa i gotuj, często mieszając, aż dobrze się zarumienią, około 10 minut.

3. Dodajemy wino i gotujemy, zdrapując dno patelni drewnianą łyżką. Gotuj wino przez 1 minutę. Włóż mięso z powrotem do garnka i dodaj liść laurowy.

4. Przykryj patelnię i zmniejsz ogień do małego. Jeżeli płyn za bardzo odparuje, dodać odrobinę ciepłej wody. Gotuj przez 2,5 do 3 godzin, od czasu do czasu obracając mięso, aż będzie miękkie po przekłuciu nożem.

5. Wyjmij mięso na talerz i przykryj, aby pozostało ciepłe. Wyrzuć liść laurowy. Warzywa przepuścić przez młynek lub zmiksować w blenderze. Posmakuj i dopraw do smaku. W razie potrzeby

podgrzej ponownie. Sosem warzywnym polej mięso. Natychmiast podawaj.

Bakłażan Nadziewany Mięsem

Dojrzałe bakłażany

Na 4 do 6 porcji

Małe bakłażany o długości około trzech centymetrów są idealne do farszu. Są albo gorące, albo w temperaturze pokojowej.

2 1/2 szklanki albo <u>Keczup</u>

8 młodych bakłażanów

Sól

12 uncji mielonej wołowiny

2 uncje posiekanego salami lub importowanego włoskiego prosciutto

1 duże jajko

1 ząbek drobno posiekanego czosnku

1/3 szklanki suchej bułki tartej

1/4 szklanki tartego Pecorino Romano lub Parmigiano-Reggiano

2 łyżki posiekanej świeżej natki pietruszki

Sól i świeżo zmielony czarny pieprz

1. W razie potrzeby przygotuj sos pomidorowy. Następnie umieść ruszt na środku piekarnika. Rozgrzej piekarnik do 375 ° F. Nasmaruj formę do pieczenia o wymiarach 12 × 9 × 2 cale.

2. Zagotuj duży garnek wody. Odetnij wierzchołki bakłażanów i przekrój je wzdłuż na pół. Do wody dodać bakłażana, doprawić do smaku solą. Gotuj, aż bakłażan będzie miękki, od 4 do 5 minut. Bakłażany przekładamy na sitko, aby odciekły i ostygły.

3. Małą łyżką wydrąż miąższ z każdego bakłażana, pozostawiając skórkę o grubości 1/4 cala. Miąższ pokroić i umieścić w dużej misce. Ułóż muszle w formie do pieczenia skórą do dołu.

4. Do miąższu bakłażana dodać wołowinę, salami, jajko, czosnek, bułkę tartą, ser, natkę pietruszki oraz sól i pieprz do smaku. Powstałą mieszaninę wylewamy na skórki bakłażana, wygładzając wierzch. Sosem pomidorowym polej bakłażana.

5. Piec, aż nadzienie będzie ugotowane, około 20 minut. Podawać na gorąco lub w temperaturze pokojowej.

Neapolitańskie klopsiki

klopsy

Na 6 porcji

Moja mama raz w tygodniu robiła porcję tych klopsików i dodawała je do dużego garnka szmaty. Kiedykolwiek nie patrzył, ktoś wyciągał jednego z garnka i jadł jako przekąskę. Oczywiście o tym wiedziałam, więc często robiłam podwójną porcję.

3 filiżanki Ragout neapolitański LUB Sos marinara

1 kilogram mielonej wołowiny

2 duże jajka, ubite

1 duży ząbek czosnku, drobno posiekany

1/2 szklanki świeżo startego Pecorino Romano

1/2 szklanki bułki tartej

2 łyżki drobno posiekanej świeżej natki pietruszki płaskolistnej

1 łyżeczka soli

Świeżo zmielony czarny pieprz

¹1/4 szklanki oliwy z oliwek

1. W razie potrzeby przygotuj szmatkę lub sos. Następnie w dużej misce wymieszaj mięso, jajka, czosnek, ser, bułkę tartą, natkę pietruszki oraz sól i pieprz do smaku. Używając rąk, dobrze wymieszaj wszystkie składniki.

2. Opłucz ręce zimną wodą, aby zapobiec przyklejaniu się, a następnie delikatnie uformuj mieszaninę w 2-calowe kulki. (Jeśli robisz klopsiki do lasagne lub do pieczenia, uformuj mięso w małe kulki wielkości małego winogrona.)

3. Rozgrzej olej na dużej patelni na średnim ogniu. Dodaj klopsiki i smaż, aż będą dobrze rumiane ze wszystkich stron, około 15 minut. (Ostrożnie przewróć szczypcami.) Przenieś klopsiki na talerz.

4. Przenieś klopsiki na patelnię ze szmatką lub sosem pomidorowym. Gotować do miękkości, około 30 minut. Podaje się na gorąco.

Klopsiki z orzeszkami piniowymi i rodzynkami

Polpette z Pinolim i Vee Secche

Na 20 2-calowych klopsików

Sekretem dobrego klopsika lub soczystego klopsika jest dodanie do mieszanki chleba lub bułki tartej. Chleb wchłania soki z mięsa i zatrzymuje je podczas gotowania. Aby uzyskać wyjątkowo chrupiącą skórkę, paszteciki te przed gotowaniem są również obtaczane w bułce tartej. Przepis ten podarował mi mój przyjaciel Kevin Benvenuti, właściciel sklepu dla smakoszy w Westin na Florydzie. Przepis pochodzi od babci Karoliny.

Niektórzy kucharze wolą pominąć etap smażenia i dodać klopsiki bezpośrednio do sosu. Klopsiki są bardziej miękkie. Wolę twardszą konsystencję i lepszy smak, jaki można uzyskać po pieczeniu.

   3 filiżanki Ragout neapolitański lub inny Keczup

1 szklanka suchej bułki tartej

4 kromki włoskiego chleba, usuń skórkę i pokrój na małe kawałki (około 2 filiżanek)

1/2 szklanki mleka

2 kilogramy mieszanki wołowej, wołowo-wieprzowej

4 duże jajka, lekko ubite

2 ząbki czosnku, drobno posiekane

2 łyżki drobno posiekanej świeżej natki pietruszki płaskolistnej

1 1/2 szklanki rodzynek

1 1/2 szklanki orzeszków piniowych

1/2 szklanki startego Pecorino Romano lub Parmigiano-Reggiano

1 1/2 łyżeczki soli

1/4 łyżeczki świeżo zmielonej gałki muszkatołowej

Świeżo zmielony czarny pieprz

1 1/4 szklanki oliwy z oliwek

1. W razie potrzeby przygotuj szmatkę lub sos. Umieść bułkę tartą w płytkiej misce. Następnie moczymy chleb w mleku przez 10 minut. Odcedź chleb i wyciśnij nadmiar płynu.

2. W dużej misce wymieszaj mięso, chleb, jajka, czosnek, pietruszkę, rodzynki, orzeszki piniowe, ser, sól, gałkę

muszkatołową i pieprz do smaku. Używając rąk, dobrze wymieszaj wszystkie składniki.

3. Opłucz ręce zimną wodą, aby zapobiec przyklejaniu się, a następnie delikatnie uformuj mieszaninę w 2-calowe kulki. Delikatnie obtocz klopsiki w bułce tartej.

4. Rozgrzej olej na dużej patelni na średnim ogniu. Dodaj klopsiki i smaż, aż będą dobrze rumiane ze wszystkich stron, około 15 minut. (Ostrożnie przewróć je szczypcami).

5. Włóż klopsiki do ragout lub sosu. Gotować do miękkości, około 30 minut. Podaje się na gorąco.

Klopsiki z kapustą i pomidorami

Polpettine Stufato z Cavolo

Na 4 porcje

Klopsiki to jedno z tych sycących dań, które robi się niemal wszędzie, a już na pewno we wszystkich regionach Włoch. Jednak Włosi nigdy nie serwują klopsików ze spaghetti. Uważają, że ciężar mięsa przytłoczy delikatne nitki makaronu. Dodatkowo makaron jest pierwszym daniem, a każde mięso większe niż kęs podawane jest jako drugie danie. W tym przepisie z Friuli-Wenecji Julijskiej klopsiki podawane są z wolno gotowaną kapustą. To pożywne danie, które można podawać w zimny wieczór.

2 ząbki czosnku, drobno posiekane

2 łyżki oliwy z oliwek

1 mała kapusta, posiekana

1/2 szklanki całych pomidorów z puszki, odsączonych i posiekanych

Sól

klopsy

1 szklanka włoskiego lub francuskiego chleba bez skórki, podarta

1 1/2 szklanki mleka

1 kilogram mielonej wołowiny

1 duże jajko, ubite

½ szklanki świeżo startego Parmigiano-Reggiano

1 duży ząbek czosnku, posiekany

2 łyżki posiekanej świeżej natki pietruszki

Sól i świeżo zmielony czarny pieprz

1 1/4 szklanki oliwy z oliwek

1. W dużym garnku podsmaż czosnek na oliwie z oliwek na średnim ogniu, aż lekko się zrumieni, około 2 minut. Dodać kapustę i dobrze wymieszać. Dodaj pomidory i sól do smaku. Przykryj i gotuj na małym ogniu, od czasu do czasu mieszając, przez 45 minut.

2. W średniej misce połącz chleb i mleko. Odstawiamy na 10 minut, po czym odciskamy nadmiar mleka.

3. W dużej misce wymieszaj mięso, chleb, jajko, ser, czosnek, pietruszkę oraz sól i pieprz do smaku. Używając rąk, dobrze wymieszaj wszystkie składniki.

4. Opłucz ręce zimną wodą, aby zapobiec przywieraniu, a następnie delikatnie uformuj mieszankę mięsną w 2-calowe kulki. Rozgrzej olej na dużej patelni na średnim ogniu. Smaż klopsiki na złoty kolor ze wszystkich stron. (Ostrożnie przewróć szczypcami.) Przenieś klopsiki na talerz.

5. Jeśli w garnku z kapustą jest dużo płynu, zostaw pokrywkę otwartą i gotuj, aż się zredukuje. Dodać klopsiki i posypać kapustą. Gotuj kolejne 10 minut. Podaje się na gorąco.

Klopsiki w stylu bolońskim

Polpette alla Bolognese

Na 6 porcji

Ten przepis jest moją adaptacją dania z Trattorii Gigina w Bolonii. Choć jest to danie równie domowe jak każdy przepis na klopsiki, mortadela w mieszance mięsnej i śmietana w sosie pomidorowym sprawiają, że jest ono nieco bardziej wyrafinowane.

Zanurzać

1 mała cebula, drobno posiekana

1 średnia marchewka, drobno posiekana

1 małe żebro delikatnego selera, drobno posiekane

2 łyżki oliwy z oliwek

1 1/2 szklanki przecieru pomidorowego

1/2 szklanki gęstej śmietanki

Sól i świeżo zmielony czarny pieprz

klopsy

1 kilogram chudej wołowiny

8 uncji mortadeli

½ szklanki świeżo startego Parmigiano-Reggiano

2 duże jajka, ubite

½ szklanki suchej bułki tartej

1 łyżeczka soli morskiej lub koszernej

1 1/4 łyżeczki mielonej gałki muszkatołowej

Świeżo zmielony czarny pieprz

1. Przygotuj sos: W dużym rondlu lub głębokiej, ciężkiej patelni usmaż cebulę, marchewkę i seler na oliwie z oliwek na średnim ogniu, aż będą złociste i delikatne, około 10 minut. Dodać pomidora, śmietanę, sól i pieprz do smaku. Doprowadzić do wrzenia.

2. Przygotuj klopsiki: Umieść składniki na klopsiki w dużej misce. Używając rąk, dobrze wymieszaj wszystkie składniki. Opłucz ręce zimną wodą, aby zapobiec przyklejaniu się, a następnie delikatnie uformuj mieszaninę w 2-calowe kulki.

3.Przełóż klopsiki do gotującego się sosu. Przykryj i gotuj, od czasu do czasu obracając klopsiki, aż będą ugotowane, około 20 minut. Podaje się na gorąco.

Klopsiki w Marsali

Polpette al Marsala

Na 4 porcje

Mój przyjaciel Arthur Schwartz, znawca kuchni neapolitańskiej, opisał mi ten przepis, który jego zdaniem jest bardzo popularny w Neapolu.

1 szklanka włoskiego chleba bez skórki, pokrojonego na kawałki

1 1/4 szklanki mleka

Około 1/2 szklanki mąki uniwersalnej

1 kg okrągłej mielonej wołowiny

2 duże jajka, ubite

1/2 szklanki świeżo startego Parmigiano-Reggiano

1/4 szklanki posiekanej szynki

2 łyżki posiekanej świeżej natki pietruszki

Sól i świeżo zmielony pieprz

3 łyżki niesolonego masła

¹1/2 szklanki suszonej Marsali

½ szklanki domowej roboty <u>bulion mięsny</u> lub kupowany w sklepie bulion wołowy

1. W małej misce moczymy chleb w mleku przez 10 minut. Wyciśnij płyn. Do nieco głębokiej miski wsyp mąkę.

2. W dużej misce umieść chleb, mięso, jajka, ser, szynkę, natkę pietruszki, sól i pieprz. Używając rąk, dobrze wymieszaj wszystkie składniki. Opłucz ręce zimną wodą, aby zapobiec przyklejaniu się, a następnie delikatnie uformuj mieszaninę w osiem 2-calowych kulek. Obtocz kulki w mące.

3. Na patelni wystarczająco dużej, aby pomieścić wszystkie klopsiki, rozpuść masło na średnim ogniu. Dodaj klopsiki i gotuj, ostrożnie obracając szczypcami, aż do złotego koloru, około 15 minut. Dodać Marsalę i bulion. Gotuj, aż płyn się zmniejszy, a klopsiki będą ugotowane, od 4 do 5 minut. Podaje się na gorąco.

Stek w starym stylu neapolitańskim

Polpettone w Santa Chiara

Na 4 do 6 porcji

Ten przepis wymaga pieczenia w piekarniku, choć początkowo chleb był całkowicie przyrumieniony na patelni, a następnie podsmażony z odrobiną wina w zakrytej patelni. Jajka na twardo w środku tworzą efekt oka podczas krojenia chleba. Chociaż ten przepis wymaga użycia wyłącznie wołowiny, mieszanka mielonej wołowiny sprawdza się dobrze.

2/3 szklanki jednodniowego włoskiego chleba bez skórki

1 1/3 szklanki mleka

1 kg okrągłej mielonej wołowiny

2 duże jajka, ubite

Sól i świeżo zmielony czarny pieprz

4 uncje niewędzonej szynki, posiekanej

1 1/2 szklanki startego sera Pecorino Romano lub Provolone

4 łyżki suchej bułki tartej

2 jajka na twardo

1. Umieść ruszt na środku piekarnika. Rozgrzej piekarnik do 350 ° F. Nasmaruj 9-calową kwadratową patelnię.

2. Chleb namoczyć w mleku na 10 minut. Wyciśnij chleb, aby usunąć nadmiar płynu.

3. W dużej misce wymieszaj mięso, chleb, jajka oraz sól i pieprz do smaku. Dodaj szynkę i ser.

4. Na dużym arkuszu papieru woskowanego rozłóż połowę bułki tartej na kawałku papieru woskowanego. Rozwałkuj połowę mieszanki mięsnej na papierze pergaminowym na prostokąt o wymiarach 8 x 4 cale. Ułóż dwa jajka ugotowane na twardo wzdłuż, w rzędzie pośrodku. Na wierzch połóż pozostałą mieszankę mięsną, ugniatając mięso w schludny bochenek o długości około 8 cali. Umieść chleb w przygotowanej formie. Posyp wierzch i boki pozostałą bułką tartą.

5. Piec chleb przez około 1 godzinę lub do momentu, gdy temperatura wewnętrzna osiągnie 155°F na termometrze z natychmiastowym odczytem. Przed cięciem pozostaw do ostygnięcia na 10 minut. Podaje się na gorąco.

Pieczeń duszona z czerwonym winem

Brasato al Barolo

Na 6 do 8 porcji

Piemonccy szefowie kuchni duszą duże kawałki mięsa w regionalnym winie Barolo, ale inne wytrawne czerwone wino również dobrze się sprawdzi.

3 łyżki oliwy z oliwek

1 karkówka wołowa bez kości lub okrągły stek od spodu (około 3 1/2 funta)

2 uncje posiekanego boczku

1 średnia posiekana cebula

2 ząbki czosnku, drobno posiekane

1 szklanka wytrawnego czerwonego wina, np. Barolo

2 szklanki obranych, wypestkowanych i posiekanych pomidorów

2 domowe kubki <u>bulion mięsny</u> lub kupowany w sklepie bulion wołowy

2 marchewki pokrojone w plasterki

1 plasterek selera

2 łyżki posiekanej świeżej natki pietruszki

Sól i świeżo zmielony czarny pieprz

1. W dużym holenderskim piekarniku lub innym głębokim, ciężkim garnku z dobrze przylegającą pokrywką rozgrzej olej na średnim ogniu. Dodać mięso i dobrze obsmażyć ze wszystkich stron, około 20 minut. Doprawić do smaku solą i pieprzem. Przełożyć na talerz.

2. Usuń wszystko oprócz dwóch łyżek tłuszczu. Do garnka dodać pancettę, cebulę i czosnek. Gotuj, często mieszając, aż będzie miękka, około 10 minut. Dodać wino i doprowadzić do wrzenia.

3. Dodać pomidory, bulion, marchew, seler i pietruszkę. Przykryj patelnię i zagotuj płyn. Gotuj na wolnym ogniu, od czasu do czasu obracając mięso, przez 2,5-3 godziny lub do momentu, aż mięso będzie miękkie po nakłuciu widelcem.

4. Mięso przełożyć na talerz. Przykryj i trzymaj w cieple. Jeśli płyn w garnku wydaje się zbyt rzadki, zwiększ ogień i gotuj na wolnym ogniu, aż lekko się zredukuje. Spróbuj sosu i dopraw go. Mięso pokroić w plastry i podawać na gorąco z sosem.

Pieczeń duszona z cebulą i sosem makaronowym

Genovese

Na 8 porcji

Cebula, marchew, prosciutto i salami to główne składniki smakowe tego delikatnego steku. To stary neapolitański przepis, który w przeciwieństwie do większości dań z okolicy nie zawiera pomidorów. Historycy wyjaśniają, że wieki temu żeglarze podróżujący między portami Genui i Neapolu zabierali to danie do domu.

La Genovese było specjalnością mojej babci, która na mafaldzie, długich wstążkach makaronu z popękanymi brzegami, podawała sos cebulowy lub długie fusilli. Następnie pokrojone mięso zjadano z pozostałym sosem jako drugie danie.

2 łyżki oliwy z oliwek

1 karkówka wołowa bez kości lub okrągły stek od spodu (około 3 1/2 funta)

Sól i świeżo zmielony czarny pieprz

6 do 8 średnich cebul (około 3 funtów), pokrojonych w cienkie plasterki

6 średnich marchewek, pokrojonych w cienkie plasterki

2 uncje salami Genua, pokrojone w cienkie plasterki

2 uncje importowanego włoskiego prosciutto, pokrojonego w cienkie plasterki

1 kilogram mafalde lub fusilli

Świeżo starty Parmigiano-Reggiano lub Pecorino Romano

1. Umieść ruszt na środku piekarnika. Rozgrzej piekarnik do 100°C. W dużym holenderskim piekarniku lub innym głębokim, ciężkim garnku z dobrze dopasowaną pokrywką, rozgrzej olej na średnim ogniu. Dodać mięso i dobrze obsmażyć ze wszystkich stron, około 20 minut. Posypać solą i pieprzem. Gdy mięso będzie już całkowicie zrumienione, przełóż je na talerz i odsącz z tłuszczu z garnka.

2. Do garnka wlej 1 szklankę wody i drewnianą łyżką zeskrobuj dno, aby poluzować przyrumienione kawałki. Do garnka dodaj cebulę, marchewkę, salami i prosciutto. Włóż stek z powrotem do garnka. Przykryć i doprowadzić płyn do wrzenia.

3. Przenieś garnek do piekarnika. Gotuj, od czasu do czasu obracając mięso, przez 2,5 do 3 godzin. lub do momentu, aż będą bardzo miękkie po nakłuciu widelcem.

4. Około 20 minut przed końcem mięsa zagotuj w dużym garnku wodę. Dodaj 2 łyżki soli, następnie makaron, delikatnie go dociskając, aż całkowicie pokryje się wodą. Gotuj aż będzie al dente, delikatne, ale twarde.

5. Gdy mięso będzie gotowe, przełóż je na talerz. Przykryj i trzymaj w cieple. Niech sos trochę ostygnie. Zmiksuj zawartość garnka na puree, przepuszczając je przez młynek lub miksując w robocie kuchennym lub blenderze. Posmakuj i dopraw do smaku. Sos z powrotem wlać do garnka z mięsem. Delikatnie podgrzej ponownie.

6. Podawaj trochę sosu na makaron. Posypać serem. W razie potrzeby podgrzej sos i mięso. Mięso pokroić i podawać jako dodatek do reszty sosu.

Nadziewana bułka z sycylijską wołowiną

Psotnik

Na 6 porcji

Farsumagro w dialekcie sycylijskim lub falsimagro w standardowym języku włoskim oznacza „cienki podróbka". Nazwa prawdopodobnie nawiązuje do bogatego nadzienia znajdującego się w cienkim kawałku mięsa. Istnieje wiele odmian tego dania. Niektórzy kucharze do zewnętrznej bułki zamiast wołowiny używają kawałka cielęciny lub wołowiny, a zamiast kiełbasy wieprzowej w nadzieniu dodaje się mieloną cielęcinę lub wołowinę. Czasami zamiast prosciutto używa się szynki, salami lub pancetty. Inni kucharze dodają do gotującego się sosu warzywa, takie jak ziemniaki czy groszek.

Najtrudniejszą częścią tego przepisu jest uzyskanie pojedynczego kawałka mięsa o wymiarach około 8 × 6 × 1/2 cala, który można zmielić na grubość 1/4 cala. Poproś rzeźnika, żeby ci to pociął.

12 uncji włoskiej kiełbasy wieprzowej, bez skórki

1 ubite jajko

1/2 szklanki świeżo startego Pecorino Romano

¼ szklanki drobnej, suchej bułki tartej

2 łyżki posiekanej świeżej natki pietruszki

1 ząbek drobno posiekanego czosnku

Sól i świeżo zmielony czarny pieprz

Okrągły stek bez kości o grubości 1/2 cala i wadze 1 funta

2 uncje importowanego włoskiego prosciutto, pokrojonego w cienkie plasterki

2 jajka na twardo, obrane

3 łyżki oliwy z oliwek

1 drobno posiekana cebula

1 1/2 szklanki wytrawnego białego wina

1 puszka (28 uncji) pokruszonych pomidorów

1 szklanka wody

1. W dużej misce wymieszaj wieprzowinę, jajko, ser, bułkę tartą, natkę pietruszki, czosnek oraz sól i pieprz do smaku.

2. Połóż duży kawałek plastikowej folii na płaskiej powierzchni i połóż na nim mięso. Połóż drugi arkusz plastikowej folii na

mięsie i delikatnie ubij, aby mięso spłaszczyło się na grubość około 1/4 cala.

3. Wyrzuć górny plastikowy arkusz. Na wierzchu mięsa ułóż plastry szynki serrano. Rozłóż mieszankę mięsną na szynce, pozostawiając wokół niej 1/2-calowy margines. Jajka na twardo ułożyć w rzędzie wzdłuż dłuższego boku mięsa. Złóż mięso wzdłuż na jajka i nadzienie i zwiń jak galaretkę, używając dolnego arkusza plastikowej folii, aby pomóc Ci w zwijaniu. Używając bawełnianego sznurka kuchennego, zawiąż rolkę w odstępach 1-calowych jak stek.

4. Rozgrzej olej na średnim ogniu w dużym holenderskim piekarniku lub innym głębokim, ciężkim garnku z dobrze dopasowaną pokrywką. Dodaj bułkę mięsną i dobrze podsmaż z jednej strony, około 10 minut. Obróć mięso szczypcami i posyp cebulę ze wszystkich stron. Smażyć mięso po drugiej stronie, około 10 minut.

5. Dodać wino i doprowadzić do wrzenia. Dodać rozdrobnione pomidory i wodę. Przykryj patelnię i gotuj, od czasu do czasu obracając mięso, około 1 1/2 godziny lub do momentu, aż mięso będzie miękkie po nakłuciu widelcem.

6. Mięso przełożyć na talerz. Pozostaw mięso do ostygnięcia na 10 minut. Usuń sznurki i pokrój bułkę w półcalowe plasterki. Połóż plastry na ciepłym talerzu. W razie potrzeby podgrzej sos. Sosem polej mięso i podawaj.

Pieczona polędwiczka z sosem oliwnym

Filet alle Olive

Na 8 do 10 porcji

Delikatny stek nadaje się na elegancką kolację. Podawać na gorąco lub w temperaturze pokojowej z pysznym sosem oliwnym lub substytutem<u>Sos z suszonych pomidorów</u>. Nigdy nie gotuj tego kawałka mięsa częściej niż rzadko, w przeciwnym razie będzie suchy.

<u>sos oliwny</u>

3 łyżki oliwy z oliwek

2 łyżki octu balsamicznego

1 łyżeczka soli

Świeżo zmielony czarny pieprz

1 polędwica wołowa, przycięta i związana (około 4 funtów)

1 łyżka świeżo posiekanego rozmarynu

1. W razie potrzeby przygotuj sos. Wymieszaj oliwę, ocet, sól i obficie zmielony pieprz. Mięso włóż do dużego rondla i zalej

marynatą, obracając mięso tak, aby było nim pokryte ze wszystkich stron. Przykryj patelnię folią aluminiową i marynuj przez 1 godzinę w temperaturze pokojowej lub do 24 godzin w lodówce.

2. Umieść ruszt na środku piekarnika. Rozgrzej piekarnik do 120°F. Piecz mięso przez 30 minut lub do momentu, aż temperatura w najgrubszej części osiągnie 125°F w przypadku średnio wysmażonego mięsa na termometrze z natychmiastowym odczytem. Przenieś stek z piekarnika na talerz.

3. Przed pokrojeniem odstaw na 15 minut. Mięso pokroić w półcalowe plastry i podawać na gorąco lub w temperaturze pokojowej z sosem.

Mieszane Gotowane Mięso

Mieszane Bollito

Na 8 do 10 porcji

Bollito misto, co oznacza „gotowanie mieszane", to połączenie mięsa i warzyw gotowanych we wrzącym płynie. W północnych Włoszech do bulionu dodaje się makaron, aby przygotować pierwsze danie. Mięso kroi się w plastry, a następnie podaje z różnymi sosami. Bollito misto jest bardzo świąteczne i stanowi imponującą kolację dla tłumu.

Każdy region ma na to swój własny sposób. Piemontczycy upierają się, że przyrządza się je z siedmiu rodzajów mięsa i podaje z sosem pomidorowym i paprykowym. Salsa verde jest prawdopodobnie najbardziej tradycyjna, natomiast w Emilii-Romanii i Lombardii typową jest mostarda, owoce konserwowane w słodkim syropie musztardowym. Mostardę można kupić na wielu włoskich targowiskach i w sklepach dla smakoszy.

Chociaż Bollito Misto nie jest trudne do wykonania, wymaga długiego czasu gotowania. Odczekaj około czterech godzin od włączenia ogrzewania. Gdy wszystkie mięsa będą ugotowane, można je pozostawić w cieple w garnku przez kolejną godzinę. Do *gotowania cotechino lub innej dużej kiełbasy potrzebny jest osobny garnek, ponieważ uwolniony tłuszcz spowodowałby, że bulion stałby się tłusty.*

Oprócz sosów lubię podawać mięso z warzywami gotowanymi na parze takimi jak marchewka, cukinia i ziemniaki.

1 duży dojrzały pomidor, przekrojony na pół i pozbawiony nasion

4 gałązki pietruszki z łodyżkami

2 żeberka selera z liśćmi, grubo posiekane

2 duże marchewki, grubo posiekane

1 duża cebula, grubo posiekana

1 ząbek czosnku

1 pieczeń wołowa bez kości, około 3 kilogramów

Sól

Zielony sosLUBSos z czerwonej papryki i pomidorów

1 łopatka wołowa bez kości, zwinięta i związana, około 3 funtów

1 cotechino lub inna duża kiełbasa czosnkowa, około 1 kilograma

1 cały kurczak, około 31/2 funta

1. W garnku o pojemności 5 galonów lub dwóch mniejszych o tej samej pojemności wymieszaj warzywa i 3 litry wody. Doprowadzić do wrzenia na średnim ogniu.

2. Dodać mięso i 2 łyżeczki soli. Gotuj przez 1 godzinę po ponownym zagotowaniu płynu. W międzyczasie przygotuj sos, jeśli zajdzie taka potrzeba.

3. Dodaj wołowinę do garnka; gdy płyn ponownie się zagotuje, gotuj przez 1 godzinę. W razie potrzeby dodać więcej wody, tak aby przykryła mięso.

4. W osobnym garnku wymieszaj cotechino z wodą, aby przykryć 1 cal. Przykryć i doprowadzić do wrzenia. Gotuj przez 1 godzinę.

5. Do garnka z wołowiną i wołowiną dodajemy kurczaka. Doprowadzić do wrzenia i gotować, obracając kurczaka raz lub dwa razy, przez 1 godzinę lub do momentu, aż całe mięso będzie miękkie po nakłuciu widelcem.

6. Dużą łyżką zbieramy tłuszcz z powierzchni bulionu. Spróbuj i dopraw solą. (Jeśli podajesz bulion jako pierwsze danie, odcedź część bulionu do garnka, a mięso z pozostałym bulionem zostaw w garnku, aby się ogrzało. Doprowadź bulion do wrzenia i

ugotuj w nim makaron. Podawaj na ciepło z Parmigiano Reggiano.)

7. Przygotuj duży, rozgrzany talerz. Mięso pokroić w plastry i ułożyć na talerzu. Skropić odrobiną bulionu. Pokrojone mięso natychmiast podawaj z wybranymi sosami.

Grillowane marynowane kotlety schabowe

Braciole di Maiale ai Ferri

Na 6 porcji

To świetny przepis na szybki, letni obiad. Aby sprawdzić, czy kotlety schabowe są upieczone, wykonaj małe nacięcie w pobliżu kości. Mięso powinno pozostać lekko różowe.

1 szklanka wytrawnego białego wina

1/4 szklanki oliwy z oliwek

1 mała cebula, pokrojona w cienkie plasterki

1 ząbek drobno posiekanego czosnku

1 łyżka świeżo posiekanego rozmarynu

1 łyżka świeżej posiekanej szałwii

6 kotletów wieprzowych pokrojonych w środek, o grubości około 3/4 cala

Plasterki cytryny do dekoracji

1. Połącz wino, oliwę, cebulę, czosnek i zioła w naczyniu do pieczenia wystarczająco dużym, aby pomieścić kotlety w jednej

warstwie. Dodać kotlety, przykryć i wstawić do lodówki na co najmniej 1 godzinę.

2. Umieść grill lub grill w odległości około 5 cali od źródła ciepła. Rozgrzej grill lub grill. Osuszyć kotlety ręcznikami papierowymi.

3. Grilluj mięso przez 5 do 8 minut lub do momentu, aż będzie dobrze rumiane. Obróć kotlety szczypcami i smaż po drugiej stronie przez 6 minut lub do momentu, aż będą złocistobrązowe i lekko różowe w miejscu przecięcia w pobliżu kości. Podaje się na gorąco, udekorowane plasterkami cytryny.

Żeberka w stylu Friuli

Kotlety schabowe alla Friulana

Na 4 do 6 porcji

W Fruili żeberka gotuje się powoli, aż mięso będzie miękkie i odpadnie od kości. Podawaj je z puree ziemniaczanym lub prostym risotto.

2 domowe kubki bulion mięsny lub kupowany w sklepie bulion wołowy

3 funty żeberek wieprzowych, pokrojonych w pojedyncze żeberka

³1/4 szklanki mąki uniwersalnej

Sól i świeżo zmielony czarny pieprz

3 łyżki oliwy z oliwek

1 duża posiekana cebula

2 średnie marchewki, posiekane

¹1/2 szklanki wytrawnego białego wina

1. W razie potrzeby przygotuj bulion. Osuszyć żeberka ręcznikami papierowymi.

2. Na kawałku woskowanego papieru wymieszaj mąkę, sól i pieprz do smaku. Obtocz żeberka w mące i potrząśnij, aby usunąć nadmiar.

3. W dużym, ciężkim rondlu rozgrzej olej na średnim ogniu. Dodaj tyle żeberek, ile zmieści się wygodnie w jednej warstwie i dobrze zrumienij ze wszystkich stron, około 15 minut. Żeberka przełóż na talerz. Powtarzaj, aż wszystkie żeberka staną się złotobrązowe. Odcedź wszystko oprócz 2 łyżek tłuszczu.

4. Dodaj cebulę i marchewkę na patelnię. Gotuj, mieszając od czasu do czasu, aż lekko się zrumieni, około 10 minut. Dodaj wino i gotuj przez 1 minutę, zdrapując i mieszając drewnianą łyżką wszelkie przyrumienione kawałki z dna patelni. Włóż żeberka z powrotem na patelnię i dodaj bulion. Doprowadzić płyn do wrzenia. Zmniejsz ogień do niskiego, przykryj i gotuj, mieszając od czasu do czasu, około 1 1/2 godziny lub do momentu, aż mięso będzie bardzo miękkie i odpadnie od kości. (Dodaj wody, jeśli mięso stanie się zbyt suche.)

5. Przełóż żeberka na ciepły półmisek i natychmiast podawaj.

Żeberka z sosem pomidorowym

Szczypta Pomodoro

Na 4 do 6 porcji

Mój mąż i ja jedliśmy takie żeberka w ulubionej osterii, swobodnej, rodzinnej restauracji w Rzymie o nazwie Enoteca Corsi. Jest otwarta tylko w porze lunchu, a menu jest bardzo ograniczone. Ale każdego dnia wypełniają go hordy pracowników z pobliskich biur, których przyciągają bardzo uczciwe ceny i pyszne domowe jedzenie.

2 łyżki oliwy z oliwek

3 funty żeberek wieprzowych, pokrojonych w pojedyncze żeberka

Sól i świeżo zmielony czarny pieprz

1 średnia cebula, drobno posiekana

1 średnia marchewka, drobno posiekana

1 żebro delikatnego selera, drobno posiekane

2 ząbki czosnku, drobno posiekane

4 liście szałwii, posiekane

1/2 szklanki wytrawnego białego wina

2 szklanki przetartych pomidorów z puszki

1. W holenderskim piekarniku lub dużym rondlu rozgrzej olej na średnim ogniu. Dodaj tyle żeberek, aby wygodnie zmieściły się na patelni. Obsmaż je dobrze ze wszystkich stron, około 15 minut. Żeberka przełóż na talerz. Posypać solą i pieprzem. Kontynuuj z pozostałymi żebrami. Gdy wszystko będzie gotowe, usuń wszystko oprócz 2 łyżek tłuszczu.

2. Dodaj cebulę, marchewkę, seler, czosnek i szałwię i smaż, aż zmiękną, około 5 minut. Dodać wino i dusić przez 1 minutę, mieszając drewnianą łyżką, zbierając i mieszając przyrumienione kawałki z dna patelni.

3. Włóż żeberka z powrotem na patelnię. Dodać pomidory, sól i pieprz do smaku. Gotuj przez 1 do 1/2 godziny lub do momentu, gdy żeberka będą bardzo miękkie, a mięso będzie oddzielać się od kości.

4. Przełóż żeberka i sos pomidorowy na talerz i natychmiast podawaj.

Przyprawione żeberka w stylu toskańskim

Szycie w całej Toskanii

Na 4 do 6 porcji

Wraz z przyjaciółmi z firmy produkującej oliwę Lucini odwiedziliśmy dom plantatorów oliwek w regionie Chianti w Toskanii. Nasza grupa dziennikarzy jadła lunch w gaju oliwnym. Po bruschetcie i salami podano nam stek, kiełbaski, żeberka i warzywa, wszystko pieczone na sadzonkach winorośli. Żeberka wieprzowe marynowane w pikantnym sosie z oliwy z oliwek i kruszonych przypraw były moimi ulubionymi i wszyscy próbowaliśmy odgadnąć, co było w tej mieszance. Cynamon i koper włoski były lekkie, ale wszyscy ze zdziwieniem dowiedzieliśmy się, że kolejną przyprawą jest anyż gwiazdkowaty. W tym przepisie lubię używać małych żeberek wieprzowych, ale żeberka wieprzowe też będą dobre.

2-gwiazdkowy anyż

1 łyżka nasion kopru włoskiego

6 jagód jałowca, lekko rozgniecionych bokiem ciężkiego noża

1 łyżka drobnej soli morskiej lub koszernej

1 łyżeczka cynamonu

1 łyżeczka drobno zmielonego czarnego pieprzu

Szczypta mielonej czerwonej papryki

4 łyżki oliwy z oliwek

4 funty żeberek z tyłu dziecka, pokrojonych w pojedyncze żebra

1. W młynku do przypraw lub blenderze połącz anyż gwiazdkowaty, koper włoski, jałowiec i sól. Zmiel, aż będzie dobrze, około 1 minuty.

2. W dużej, płytkiej misce wymieszaj zawartość młynka do przypraw z cynamonem oraz czerwonym i czarnym pieprzem. Dodaj olej i dobrze wymieszaj. Nacieramy powstałą mieszanką żebra. Włóż żeberka do miski. Przykryj folią spożywczą i wstaw do lodówki na 24 godziny, od czasu do czasu mieszając.

3. Umieść grill lub grill w odległości około 6 cali od źródła ciepła. Rozgrzej grill lub grill. Wytrzyj żeberka do sucha, następnie grilluj lub piecz, często obracając, aż będą złocistobrązowe i ugotowane, około 20 minut. Podaje się na gorąco.

Żeberka i Fasola

Puntiniego i Fagioliego

Na 6 porcji

Kiedy wiem, że mam przed sobą pracowity tydzień, lubię robić takie gulasze. Są lepsze tylko wtedy, gdy zostaną przygotowane wcześniej i wymagają jedynie szybkiego podgrzania, aby przygotować satysfakcjonujący obiad. Podawaj je z gotowanymi warzywami, takimi jak szpinak lub endywia, lub zieloną sałatą.

2 łyżki oliwy z oliwek

3 funty żeberek wieprzowych w stylu wiejskim, pokrojonych w pojedyncze żeberka

1 posiekana cebula

1 posiekana marchewka

1 ząbek drobno posiekanego czosnku

21/2 funta świeżych pomidorów, obranych, pozbawionych nasion i posiekanych lub 1 puszka (28 uncji) obranych, pokrojonych w kostkę pomidorów

1 gałązka rozmarynu (3 cale)

1 szklanka wody

Sól i świeżo zmielony czarny pieprz

3 szklanki ugotowanej lub puszkowanej fasoli cannellini lub jagód, odsączonych

1. W dużym holenderskim piekarniku lub innym głębokim, ciężkim garnku z dobrze przylegającą pokrywką rozgrzej olej na średnim ogniu. Dodaj tyle żeberek, aby wygodnie zmieściły się na patelni. Obsmaż je dobrze ze wszystkich stron, około 15 minut. Żeberka przełóż na talerz. Posypać solą i pieprzem. Kontynuuj z pozostałymi żebrami. Gdy wszystko będzie gotowe, wlać całość oprócz 2 łyżek tłuszczu.

2. Do garnka dodać cebulę, marchewkę i czosnek. Gotuj, często mieszając, aż warzywa będą miękkie, około 10 minut. Dodać żeberka, następnie pomidory, rozmaryn, wodę, sól i pieprz do smaku. Doprowadzić do wrzenia i gotować przez 1 godzinę.

3. Dodać fasolę, przykryć i gotować przez 30 minut lub do momentu, aż mięso będzie bardzo miękkie i zacznie odchodzić od kości. Posmakuj i dopraw do smaku. Podaje się na gorąco.

Pikantne kotlety schabowe z marynowaną papryką

Braciole di Maiale z Pepperoncini

Na 4 porcje

Marynowane chilli i marynowana słodka papryka to dobry dodatek do soczystych kotletów schabowych. Dostosuj proporcje papryki ostrej i słodkiej według własnych upodobań. Podawaj z frytkami.

2 łyżki oliwy z oliwek

4 kotlety schabowe pokrojone w środek, każdy o grubości około 1 cala

Sól i świeżo zmielony czarny pieprz

4 ząbki czosnku pokroić w cienkie plasterki

1/2 szklanki pokrojonej w plasterki słodkiej marynowanej papryki

1/4 szklanki pokrojonych w plasterki marynowanych ostrych papryczek, takich jak peroncini lub jalapenos, lub kilka słodkich papryczek

2 łyżki soku z ogórków kiszonych lub octu winnego

2 łyżki posiekanej świeżej natki pietruszki

1. Na dużej, ciężkiej patelni rozgrzej olej na średnim ogniu. Kotlety osusz ręcznikiem papierowym, a następnie posyp solą i pieprzem. Smażyć kotlety do zrumienienia, około 2 minut, następnie przewrócić je szczypcami i przyrumienić drugą stronę, jeszcze około 2 minuty.

2. Zmniejsz ogień do średniego. Rozłóż plasterki czosnku wokół kotletów. Przykryj patelnię i smaż przez 5 do 8 minut lub do momentu, aż kotlety będą miękkie i lekko różowe po przecięciu w pobliżu kości. Dostosuj ogień, aby czosnek nie zrobił się ciemnobrązowy. Przełóż kotlety na półmisek i przykryj, aby pozostały ciepłe.

3. Na patelnię dodaj słodką i ostrą paprykę oraz sok z marynat lub ocet. Gotuj, mieszając, przez 2 minuty lub do momentu, aż papryka się rozgrzeje, a sok stanie się syropowy.

4. Dodaj pietruszkę. Zawartość patelni wylej na kotlety i natychmiast podawaj.

Kotlety schabowe z rozmarynem i jabłkami

Moja bransoletka

Na 4 porcje

Słodko-kwaśny smak jabłek jest doskonałym uzupełnieniem kotletów schabowych. Ten przepis pochodzi z Friuli-Wenecji Julijskiej.

4 kotlety schabowe pokrojone w środek, każdy o grubości około 1 cala

Sól i świeżo zmielony czarny pieprz

1 łyżka świeżo posiekanego rozmarynu

1 łyżka niesolonego masła

4 pyszne złote jabłka, obrane i pokrojone na półcalowe kawałki

1/2 szklanki Rosół

1. Osuszyć mięso papierowymi ręcznikami. Posyp kotlety z obu stron solą, pieprzem i rozmarynem.

2. Na dużej, ciężkiej patelni rozpuść masło na średnim ogniu. Dodaj kotlety i smaż, aż będą dobrze rumiane z jednej strony, około 2

minut. Obróć kotlety szczypcami i smaż z drugiej strony, jeszcze około 2 minut.

3. Rozłóż jabłka wokół kotletów i zalej bulionem. Przykryj patelnię i zmniejsz ogień. Gotuj 5 do 10 minut, raz obracając kotlety, aż będą miękkie i lekko różowe w miejscu przecięcia w pobliżu kości. Natychmiast podawaj.

Kotlety schabowe z pieczarkami i sosem pomidorowym

Costolette di Maiale z grzybami

Na 4 porcje

Kupując kotlety schabowe, szukaj kotletów o podobnej wielkości i grubości, aby równomiernie się usmażyły. Sosem do tych kotletów schabowych są białe grzyby, wino i pomidory. Ten sam zabieg jest dobry w przypadku kotletów cielęcych.

4 łyżki oliwy z oliwek

4 kotlety schabowe pokrojone w środek, każdy o grubości około 1 cala

Sól i świeżo zmielony czarny pieprz

1/2 szklanki wytrawnego białego wina

1 szklanka posiekanych pomidorów świeżych lub z puszki

1 łyżka świeżo posiekanego rozmarynu

1 opakowanie (12 uncji) białych grzybów, lekko opłukanych, usuniętych łodyg i przekrojonych na pół lub na ćwiartki, jeśli są duże

1. Na dużej, ciężkiej patelni rozgrzej 2 łyżki oleju na średnim ogniu. Kotlety posypać solą i pieprzem. Kotlety ułożyć na patelni w jednej warstwie. Gotuj, aż ładnie się zarumieni z jednej strony, około 2 minut. Obróć kotlety szczypcami i przysmaż na drugiej stronie jeszcze około 1–2 minut. Przełożyć kotlety na talerz.

2. Wlać wino na patelnię i doprowadzić do wrzenia. Dodać pomidory, rozmaryn oraz sól i pieprz do smaku. Przykryj i gotuj przez 10 minut.

3. W międzyczasie na średniej patelni rozgrzej pozostałe 2 łyżki oleju na średnim ogniu. Dodać grzyby, sól i pieprz do smaku. Gotuj, często mieszając, aż płyn odparuje, a grzyby staną się złociste, około 10 minut.

4. Kotlety schabowe włóż z powrotem na patelnię z sosem pomidorowym. Dodaj grzyby. Przykryj i gotuj przez dodatkowe 5 do 10 minut lub do momentu, aż wieprzowina będzie ugotowana, a sos lekko zgęstnieje. Natychmiast podawaj.

Kotlety schabowe z borowikami i czerwonym winem

Żeberka z grzybami i winem

Na 4 porcje

Zasmażanie kotletów lub innych kawałków mięsa dodaje smaku i poprawia ich wygląd. Zawsze osusz kotlety przed smażeniem, ponieważ wilgoć na powierzchni spowoduje, że mięso będzie parować, a nie brązowieć. Po usmażeniu kotlety te gotuje się z suszonymi borowikami i czerwonym winem. Odrobina gęstej śmietanki nadaje sosowi gładką konsystencję i bogaty smak.

1 uncja suszonych borowików

1 1/2 szklanki ciepłej wody

2 łyżki oliwy z oliwek

4 kotlety schabowe pokrojone w środek, o grubości około 1 cala

Sól i świeżo zmielony czarny pieprz

1 1/2 szklanki wytrawnego czerwonego wina

1 1/4 szklanki gęstej śmietanki

1. Grzyby włóż do miski z wodą. Pozwól mu odpocząć przez 30 minut. Wyjmij grzyby z płynu i dokładnie opłucz je pod bieżącą wodą, zwracając szczególną uwagę na podstawę łodyg, gdzie gromadzi się brud. Odcedź, a następnie dobrze posiekaj. Płyn z namaczania przelać przez bibułowy filtr do kawy do miski.

2. Na dużej patelni rozgrzej olej na średnim ogniu. Wysuszyć kotlety. Kotlety ułożyć na patelni w jednej warstwie. Gotuj na złoty kolor, około 2 minut. Obróć kotlety szczypcami i przysmaż na drugiej stronie jeszcze około 1–2 minut. Posypać solą i pieprzem. Przełożyć kotlety na talerz.

3. Wlać wino na patelnię i dusić przez 1 minutę. Dodać borowiki i płyn do ich moczenia. Zmniejsz ogień do niskiego. Gotuj na wolnym ogniu przez 5 do 10 minut lub do momentu, aż płyn się zredukuje. Dodać śmietanę i gotować kolejne 5 minut.

4. Kotlety włóż z powrotem na patelnię. Gotuj przez kolejne 5 minut lub do momentu, aż kotlety będą ugotowane, a sos zgęstnieje. Natychmiast podawaj.

Kotlety schabowe z kapustą

Costolette di Maiale z Cavolo Rosso

Na 4 porcje

Ocet balsamiczny dodaje czerwonej kapuście koloru i słodyczy oraz zapewnia dobrą równowagę wieprzowinie. Do tego przepisu nie jest konieczne używanie dojrzałego octu balsamicznego. Zachowaj go do wykorzystania jako przyprawa do sera lub gotowanego mięsa.

2 łyżki oliwy z oliwek

4 kotlety schabowe pokrojone w środek, o grubości około 1 cala

Sól i świeżo zmielony czarny pieprz

1 duża posiekana cebula

2 duże ząbki czosnku, drobno posiekane

2 kilogramy czerwonej kapusty pokrojonej w cienkie paski

1/4 szklanki octu balsamicznego

2 łyżki wody

1. Na dużej patelni rozgrzej olej na średnim ogniu. Osuszyć kotlety ręcznikami papierowymi. Dodaj kotlety na patelnię. Gotuj na złoty kolor, około 2 minut. Obróć mięso szczypcami i przysmaż na drugiej stronie jeszcze przez około 1–2 minuty. Posypać solą i pieprzem. Przełożyć kotlety na talerz.

2. Dodaj cebulę na patelnię i smaż przez 5 minut. Dodaj czosnek i smaż przez kolejną 1 minutę.

3. Dodać kapustę, ocet balsamiczny, wodę i sól do smaku. Przykryj i gotuj, mieszając od czasu do czasu, aż kapusta będzie miękka, około 45 minut.

4. Dodaj kotlety na patelnię i smaż, obracając raz lub dwa razy w sosie, aż mięso będzie ugotowane i lekko różowe po przecięciu w pobliżu kości, jeszcze około 5 minut. Natychmiast podawaj.

Kotlety schabowe z koprem włoskim i białym winem

Braciole di Maiale z winem

Na 4 porcje

Po upieczeniu kotletów na patelni nie pozostało zbyt wiele sosu, wystarczy łyżka lub dwie skoncentrowanej glazury do zwilżenia mięsa. Jeśli nie chcesz używać nasion kopru włoskiego, spróbuj zastąpić łyżkę świeżego rozmarynu.

2 łyżki oliwy z oliwek

4 kotlety schabowe pokrojone w środek, o grubości około 1 cala

1 ząbek czosnku, lekko zmiażdżony

Sól i świeżo zmielony czarny pieprz

2 łyżeczki nasion kopru włoskiego

1 szklanka wytrawnego białego wina

1. Na dużej patelni rozgrzej olej na średnim ogniu. Wysuszyć kotlety schabowe. Na patelnię dodaj kotlety schabowe i czosnek. Gotuj, aż kotlety staną się złotobrązowe, około 2 minut. Posypać

nasionami kopru włoskiego oraz solą i pieprzem. Obróć kotlety szczypcami i przysmaż na drugiej stronie jeszcze około 1–2 minut.

2. Dodać wino i doprowadzić do wrzenia. Przykryj i gotuj przez 3 do 5 minut lub do momentu, aż kotlety będą ugotowane i lekko różowe w przypadku przecięcia w pobliżu kości.

3. Przełożyć kotlety na talerz i wyrzucić czosnek. Gotuj sok z patelni, aż zredukuje się i zgęstnieje. Kotlety polej sokiem i natychmiast podawaj.

Kotlety schabowe w stylu pizzy

Braciole alla Pizzaiola

Na 4 porcje

W Neapolu kotlety schabowe i małe filety można również przygotować alla pizzaiola, po stylu pizzerii. Sos jest zwykle podawany do spaghetti jako pierwsze danie. Kotlety podawane są jako drugie danie z zieloną sałatą. Sosu powinno wystarczyć na funt spaghetti, z łyżką lub większą ilością do podania z kotletami.

2 łyżki oliwy z oliwek

4 kotlety schabowe o grubości około 1 cala

Sól i świeżo zmielony czarny pieprz

2 duże ząbki czosnku, drobno posiekane

1 puszka (28 uncji) obranych, odsączonych i posiekanych pomidorów

1 łyżeczka suszonego oregano

1 szczypta mielonej czerwonej papryki

2 łyżki posiekanej świeżej natki pietruszki

1. Na dużej patelni rozgrzej olej na średnim ogniu. Kotlety osusz i oprósz solą i pieprzem. Dodaj kotlety na patelnię. Gotuj, aż kotlety staną się złotobrązowe, około 2 minut. Obróć kotlety szczypcami i smaż z drugiej strony, jeszcze około 2 minut. Przełożyć kotlety na talerz.

2. Dodaj czosnek na patelnię i smaż przez 1 minutę. Dodać pomidory, oregano, czerwoną paprykę i sól do smaku. Doprowadzić sos do wrzenia. Gotuj, mieszając od czasu do czasu, przez 20 minut lub do momentu, aż sos zgęstnieje.

3. Kotlety z powrotem włóż do sosu. Gotuj 5 minut, obracając kotlety raz lub dwa razy, aż będą ugotowane i lekko różowe w miejscu przecięcia w pobliżu kości. Posyp natką pietruszki. Podawaj natychmiast lub, jeśli używasz sosu spaghetti, przykryj kotlety folią aluminiową, aby pozostały ciepłe.

Kotlety schabowe w stylu Molise

Pampanella Sammartińska

Na 4 porcje

Te kotlety są ostre i niezwykłe. Był czas, gdy szefowie kuchni w Moise suszyli słodką czerwoną paprykę na słońcu, aby zrobić paprykę. Obecnie we Włoszech wykorzystuje się paprykę produkowaną na skalę przemysłową. W Stanach Zjednoczonych dla najlepszego smaku używa się papryki importowanej z Węgier.

Grillowanie kotletów schabowych jest trudne, ponieważ bardzo łatwo mogą wyschnąć. Obserwuj je uważnie i gotuj, aż mięso będzie lekko różowe w pobliżu kości.

¼ szklanki papryki

2 ząbki czosnku, posiekane

1 łyżeczka soli

mielony czerwony pieprz

2 łyżki białego octu winnego

4 kotlety schabowe pokrojone w środek, o grubości około 1 cala

1. W małej misce wymieszaj paprykę, czosnek, sól i dużą szczyptę mielonego czerwonego pieprzu. Dodać ocet i mieszać aż do uzyskania homogenizacji. Kotleciki ułożyć na talerzu i rozsmarować makaron ze wszystkich stron. Przykryj i wstaw do lodówki na 1 godzinę do nocy.

2. Umieść grill lub grill w odległości około 6 cali od źródła ciepła. Rozgrzej grill lub grill. Smaż kotlety wieprzowe do zrumienienia z jednej strony, około 6 minut, następnie przewróć mięso szczypcami i przysmaż drugą stronę, jeszcze około 5 minut. Pokrój kotlety blisko kości; mięso powinno być lekko różowe. Natychmiast podawaj.

Schab w glazurze balsamicznej z rukolą i parmigiano

Kurczak Balsamiczny Z Sałatką

Na 6 porcji

Schab gotuje się szybko i ma niską zawartość tłuszczu. Tutaj glazurowane plastry wieprzowiny są połączone z chrupiącą sałatką z rukoli. Jeśli nie możesz znaleźć rukoli, zastąp ją rzeżuchą wodną.

2 polędwiczki wieprzowe (około 1 kg każda)

1 ząbek drobno posiekanego czosnku

1 łyżka octu balsamicznego

1 łyżeczka miodu

Sól i świeżo zmielony czarny pieprz

Sałatka

2 łyżki oliwy z oliwek

1 łyżka octu balsamicznego

Sól i świeżo zmielony czarny pieprz

6 szklanek posiekanej, opłukanej i osuszonej rukoli

Kawałek Parmigiano-Reggiano

1. Umieść ruszt na środku piekarnika. Rozgrzej piekarnik do 150° F. Nasmaruj blachę do pieczenia wystarczająco dużą, aby pomieścić wieprzowinę.

2. Osusz wieprzowinę ręcznikami papierowymi. Złóż cienkie końce, aby miały równą grubość. Połóż polędwiczki na patelni w odległości około centymetra.

3. W małej misce wymieszaj czosnek, ocet, miód oraz sól i pieprz do smaku.

4. Posmaruj powstałą mieszanką mięso. Włóż wieprzowinę do piekarnika i piecz przez 15 minut. Zalej mięso 1/2 szklanki wody. Piecz przez kolejne 10 do 20 minut lub do momentu, aż będzie złociste i delikatne. (Wieprzowina jest upieczona, gdy temperatura wewnętrzna osiągnie 50°F na termometrze z odczytem natychmiastowym.) Wyjmij wieprzowinę z piekarnika. Pozostawiamy na blasze i odstawiamy na co najmniej 10 minut.

5. W dużej misce wymieszaj oliwę, ocet, sól i pieprz do smaku. Dodać rukolę i polać dressingiem. Ułóż rukolę na środku dużego talerza lub pojedynczych talerzy.

6. Wieprzowinę pokroić w cienkie plasterki i ułożyć je wokół warzyw. Skropić sokiem z patelni. Za pomocą obieraczki do warzyw z obrotowym ostrzem zetrzyj rukolę cienkie plasterki Parmigiano-Reggiano. Natychmiast podawaj.

Polędwica wieprzowa z ziołami

Fileto di Maiale alle Erbe

Na 6 porcji

Obecnie dostępne są schaby wieprzowe, zwykle pakowane po dwie sztuki w opakowaniu. Są chude i delikatne, jeśli nie rozgotowane, chociaż smak jest bardzo łagodny. Grill nadaje im więcej smaku i można je podawać na ciepło lub w temperaturze pokojowej.

2 polędwiczki wieprzowe (około 1 kg każda)

2 łyżki oliwy z oliwek

2 łyżki świeżej, posiekanej szałwii

2 łyżki świeżej posiekanej bazylii

2 łyżki świeżego, posiekanego rozmarynu

1 ząbek drobno posiekanego czosnku

Sól i świeżo zmielony czarny pieprz

1. Osuszyć mięso papierowymi ręcznikami. Połóż polędwiczki wieprzowe na talerzu.

2. W małej misce wymieszaj oliwę, zioła, czosnek oraz sól i pieprz do smaku. Nacieraj powstałą mieszanką mięśnie. Przykryj i wstaw do lodówki na co najmniej 1 godzinę lub maksymalnie na całą noc.

3. Rozgrzej grill lub grill. Piecz polędwiczki przez 7 do 10 minut lub do momentu, aż się zarumienią. Obróć mięso szczypcami i gotuj jeszcze 7 minut lub do momentu, aż termometr umieszczony na środku wskaże temperaturę 150°F. Posyp solą. Przed pokrojeniem mięsa należy odczekać 10 minut. Podawać na gorąco lub w temperaturze pokojowej.

Schab kalabryjski z miodem i chili

Zaczarowane mięso

Na 6 porcji

Bardziej niż w jakimkolwiek innym regionie Włoch, kalabryjscy szefowie kuchni włączają do swojej kuchni ostrą paprykę. Ostrej papryki używa się świeżej, suszonej, mielonej lub kruszonej na płatki lub proszek, podobnie jak papryka lub cayenne.

W Castrovillari jedliśmy z mężem w Locanda di Alia, eleganckiej rustykalnej restauracji i zajeździe. Najsłynniejszą restaurację w regionie prowadzą bracia Alia. Gaetano jest szefem kuchni, a Pinuccio zarządza frontem domu. Ich specjalnością jest wieprzowina marynowana z koprem włoskim i papryczkami chili w miodowym sosie chili. Pinuccio wyjaśnił, że przepis, który ma co najmniej dwieście lat, został sporządzony z konserwowanej wieprzowiny, solonej i peklowanej przez kilka miesięcy. Jest to bardziej zwinny sposób.

Pyłek kopru włoskiego można znaleźć w wielu specjalistycznych sklepach z ziołami i przyprawami. (Widzieć źródło.) Jeśli nie ma dostępu do pyłku, można użyć zmiażdżonych nasion kopru włoskiego.

2 polędwiczki wieprzowe (około 1 kg każda)

2 łyżki miodu

1 łyżeczka soli

1 łyżeczka pyłku kopru włoskiego lub zmiażdżonych nasion kopru włoskiego

Szczypta mielonej czerwonej papryki

1/2 szklanki soku pomarańczowego

2 łyżki papryki

1. Umieść ruszt na środku piekarnika. Rozgrzej piekarnik do 150°C. Nasmaruj blachę do pieczenia wystarczająco dużą, aby pomieścić wieprzowinę.

2. Złóż cienkie końce mięśnia, aby miały równą grubość. Połóż polędwiczki na patelni w odległości około centymetra.

3. W małej misce wymieszaj miód, sól, pyłek kopru włoskiego i pokruszoną czerwoną paprykę. Posmaruj powstałą mieszanką mięso. Włóż wieprzowinę do piekarnika i piecz przez 15 minut.

4. Wlać sok pomarańczowy wokół mięsa. Piecz przez dodatkowe 10 do 20 minut lub do momentu, aż będzie złociste i delikatne. (Wieprzowina jest upieczona, gdy temperatura wewnętrzna

osiągnie 50°F na termometrze z natychmiastowym odczytem.) Przenieś wieprzowinę na deskę do krojenia. Przykryj folią i trzymaj w cieple podczas przygotowywania sosu.

5. Połóż blachę do pieczenia na średnim ogniu. Dodaj paprykę i smaż, zdrapując dno patelni, przez 2 minuty.

6. Pokrój wieprzowinę w plasterki i podawaj z sosem.

Pieczona wieprzowina z ziemniakami i rozmarynem

Arista di Maiale Z Ziemniakami

Na 6 do 8 porcji

Wszyscy uwielbiają tę pieczeń wieprzową; Jest łatwe do wykonania, a ziemniaki wchłaniają smak wieprzowiny, gdy gotują się razem na tej samej patelni. Nieodparty.

1 centralnie pokrojona pieczeń wieprzowa bez kości (około 3 kg)

2 łyżki świeżego, posiekanego rozmarynu

2 łyżki świeżo posiekanego czosnku

4 łyżki oliwy z oliwek

Sól i świeżo zmielony czarny pieprz

2 kg młodych ziemniaków, przekrojonych na pół lub na ćwiartki, jeśli są duże

1. Umieść ruszt na środku piekarnika. Rozgrzej piekarnik do 150°C. Nasmaruj patelnię wystarczająco dużą, aby pomieścić wieprzowinę i ziemniaki bez ich stłoczenia.

2. W małej misce przygotuj pastę z rozmarynu, czosnku, 2 łyżek oliwy i dużej ilości soli i pieprzu. Ziemniaki włóż na patelnię, dodaj pozostałe 2 łyżki oliwy i połowę pasty czosnkowej. Ziemniaki przesuń na bok i połóż mięso tłuszczem do góry na środku patelni. Pozostałą pastą nacieramy lub rozprowadzamy po całym mięsie.

3. Piecz przez 20 minut. Odwróć ziemniaki. Zmniejsz temperaturę do 350° F. Piecz jeszcze 1 godzinę, obracając ziemniaki co 20 minut. Mięso jest gotowe, gdy wewnętrzna temperatura wieprzowiny osiągnie 150°F na termometrze z natychmiastowym odczytem.

4. Mięso przełóż na deskę do krojenia. Przykryj luźno folią i odstaw na 10 minut. Ziemniaki powinny być złociste i delikatne. W razie potrzeby zwiększ ogień i gotuj trochę dłużej.

5. Mięso pokroić w plastry i ułożyć na rozgrzanym talerzu otoczonym ziemniakami. Podaje się na gorąco.

Polędwiczka wieprzowa z cytryną

Kurczak z cytryną

Na 6 do 8 porcji

Pieczona polędwica wieprzowa ze skórką cytrynową to świetny niedzielny obiad. Podaję go z wolno gotowaną fasolą cannellini i zielonymi warzywami, takimi jak brokuły lub brukselka.

Posmarowanie polędwicy masłem jest całkiem proste, jeśli postępujesz zgodnie ze wskazówkami; w przeciwnym razie poproś rzeźnika, aby się tym zajął.

1 centralnie pokrojona pieczeń wieprzowa bez kości (około 3 kg)

1 łyżeczka skórki z cytryny

2 ząbki czosnku, drobno posiekane

2 łyżki posiekanej świeżej natki pietruszki

2 łyżki oliwy z oliwek

Sól i świeżo zmielony czarny pieprz

¹1/2 szklanki wytrawnego białego wina

1. Umieść ruszt na środku piekarnika. Rozgrzej piekarnik do 425° F. Nasmaruj patelnię wystarczająco dużą, aby pomieścić mięso.

2. W małej misce wymieszaj skórkę z cytryny, czosnek, pietruszkę, oliwę oraz sól i pieprz do smaku.

3. Osuszyć mięso papierowymi ręcznikami. Aby posmarować wieprzowinę, połóż ją na desce do krojenia. Używając długiego, ostrego noża, np. noża do odkostniania lub noża szefa kuchni, przekrój wieprzowinę wzdłuż prawie na pół, zatrzymując się około 3/4 cala od jednego dłuższego boku. Otwórz mięso jak książkę. Rozsmaruj mieszankę cytrynowo-czosnkową na stronie mięsnej. Zwijaj wieprzowinę w tę i z powrotem jak kiełbasę i zawiązuj sznurkiem kuchennym w 2-calowych odstępach. Posyp z zewnątrz solą i pieprzem.

4. Mięso ułożyć na przygotowanej patelni tłustą stroną do góry. Piecz przez 20 minut. Zmniejsz temperaturę do 350° F. Piecz przez kolejne 40 minut. Dodaj wino i piecz przez dodatkowe 15 do 30 minut lub do momentu, gdy temperatura na termometrze z odczytem natychmiastowym osiągnie 150°F.

5. Przenieś stek na deskę do krojenia. Mięso luźno przykryj folią aluminiową. Odczekaj 10 minut przed pokrojeniem. Postaw patelnię na kuchence na średnim ogniu i lekko zredukuj sok na

patelni. Pokrój wieprzowinę i ułóż na półmisku. Wlać sok na mięso. Podaje się na gorąco.

Polędwiczka wieprzowa z jabłkami i grappą

Świnie z Mele

Na 6 do 8 porcji

Jabłka i cebula w połączeniu z grappą i rozmarynem to smaczna pieczeń wieprzowa z Friuli-Wenecji Julijskiej.

1 centralnie pokrojona pieczeń wieprzowa bez kości (około 3 kg)

1 łyżka świeżego, posiekanego rozmarynu i trochę do dekoracji

Sól i świeżo zmielony czarny pieprz

2 łyżki oliwy z oliwek

2 Granny Smith lub inne kwaśne jabłka, obrane i pokrojone w cienkie plasterki

1 mała cebula, pokrojona w cienkie plasterki

1/4 szklanki grappy lub brandy

1 1/2 szklanki wytrawnego białego wina

1. Umieść ruszt na środku piekarnika. Rozgrzej piekarnik do 350° F. Lekko nasmaruj patelnię wystarczająco dużą, aby pomieścić mięso.

2. Mięso wieprzowe nacieramy rozmarynem, solą i pieprzem do smaku oraz oliwą. Mięso ułożyć na patelni tłustą stroną do góry i otoczyć je plasterkami jabłka i cebuli.

3. Mięso polewamy grappą i winem. Piecz przez 1 godzinę i 15 minut lub do momentu, gdy termometr włożony do środka wskaże temperaturę 150° F. Przenieś mięso na deskę do krojenia i przykryj folią aluminiową, aby utrzymać ciepło.

4. Jabłka i cebula powinny być miękkie. Jeśli nie, włóż patelnię z powrotem do piekarnika i piecz przez kolejne 15 minut.

5. Gdy jabłka i cebula będą miękkie, zetrzyj je w robocie kuchennym lub blenderze. Puree aż będzie gładkie. (W razie potrzeby dodaj łyżkę lub dwie ciepłej wody, aby rozrzedzić mieszaninę.)

6. Mięso pokroić w plastry i ułożyć na ciepłym talerzu. Odłóż mus jabłkowy i cebulę na bok. Udekoruj świeżym rozmarynem. Podaje się na gorąco.

Pieczeń wieprzowa z orzechami laskowymi i śmietaną

Maiale alle Nocciole ryż

Na 6 do 8 porcji

Jest to odmiana przepisu na pieczeń wieprzową z Piemontu, który po raz pierwszy pojawił się w mojej książce Italian Christmas Cooking. Tutaj śmietanka wraz z orzechami laskowymi wzbogaca sos.

1 centralnie pokrojona pieczeń wieprzowa bez kości (około 3 kg)

2 łyżki świeżego, posiekanego rozmarynu

2 duże ząbki czosnku, drobno posiekane

2 łyżki oliwy z oliwek

Sól i świeżo zmielony czarny pieprz

1 szklanka wytrawnego białego wina

½ szklanki orzechów laskowych, prażonych, obranych i grubo posiekanych (patrz Jak prażyć i obierać orzechy włoskie)

1 szklanka domowej roboty bulion mięsny LUB Rosół lub kupiony w sklepie bulion wołowy lub drobiowy

1/2 szklanki gęstej śmietanki

1. Umieść ruszt na środku piekarnika. Rozgrzej piekarnik do 425° F. Nasmaruj patelnię wystarczająco dużą, aby pomieścić mięso.

2. W małej misce wymieszaj rozmaryn, czosnek, oliwę oraz sól i pieprz do smaku. Włóż mięso na patelnię tłuszczem do góry. Nacieramy całą wieprzowinę mieszanką czosnkową. Grilluj mięso przez 15 minut.

3. Wlać wino na mięso. Gotuj przez dodatkowe 45 do 60 minut lub do momentu, gdy temperatura wieprzowiny osiągnie 150°F na termometrze z natychmiastowym odczytem, a mięso będzie miękkie po nakłuciu widelcem. W międzyczasie przygotuj orzechy laskowe, jeśli to konieczne.

4. Mięso przełożyć na deskę do krojenia. Przykryj folią aluminiową, aby utrzymać ciepło.

5. Postaw patelnię na średnim ogniu na płycie kuchennej i zagotuj soki. Dodaj bulion i gotuj na wolnym ogniu przez 5 minut, zdrapując i mieszając drewnianą łyżką wszelkie przyrumienione kawałki z dna patelni. Dodaj śmietanę i gotuj, aż lekko zgęstnieje, jeszcze około 2 minut. Dodać posiekane orzechy włoskie i zdjąć z ognia.

6. Mięso pokroić w plastry i ułożyć na ciepłym talerzu. Sosem polej wieprzowinę i podawaj na gorąco.

Toskańska polędwiczka wieprzowa

Arista di Maiale

Na 6 do 8 porcji

Oto klasyczna pieczeń wieprzowa w stylu toskańskim. Gotowanie mięsa z kością sprawia, że jest ono znacznie smaczniejsze, a kości świetnie nadają się również do wyciskania soku.

3 duże ząbki czosnku

2 łyżki świeżego rozmarynu

Sól i świeżo zmielony czarny pieprz

2 łyżki oliwy z oliwek

1 stek z żeberka z kością, pośrodku, około 4 kg

1 szklanka wytrawnego białego wina

1. Umieść ruszt na środku piekarnika. Rozgrzej piekarnik do 325° F. Nasmaruj patelnię wystarczająco dużą, aby pomieścić stek.

2. Drobno posiekaj czosnek i rozmaryn, a następnie umieść je w małej misce. Dodać sól i pieprz do smaku i dobrze wymieszać, aż powstanie pasta. Połóż stek na patelni grubszą stroną do góry.

Małym nożem wykonaj głębokie nacięcia na całej powierzchni wieprzowiny, a następnie włóż mieszaninę do kawałków. Posmaruj cały stek oliwą z oliwek.

3. Piec przez 1 godzinę i 15 minut lub do momentu, aż mięso osiągnie wewnętrzną temperaturę 50°F na termometrze z natychmiastowym odczytem. Mięso przełóż na deskę do krojenia. Przykryj folią aluminiową, aby utrzymać ciepło. Pozwól mu odpocząć przez 10 minut.

4. Postaw patelnię na małym ogniu na kuchence. Dodaj wino i gotuj, zdrapując i mieszając drewnianą łyżką wszelkie zrumienione kawałki z dna patelni, aż lekko się zmniejszy, około 2 minut. Soki przelej przez sitko do miski i odsącz z tłuszczu. W razie potrzeby podgrzej ponownie.

5. Mięso pokroić i ułożyć na ciepłym półmisku. Podawać na gorąco z sosami z patelni.

Pieczona łopatka wieprzowa z koprem włoskim

Włoska Rolada Wieprzowa

Na 12 porcji

To moja wersja wspaniałej pieczonej wieprzowiny znanej jako porchetta, która jest sprzedawana w całych środkowych Włoszech, w tym w Lacjum, Umbrii i Abruzji. Kotlety schabowe sprzedawane są w specjalnych ciężarówkach i można je zamówić w formie kanapki lub zawinięte w papier i zabrać do domu. Choć mięso jest pyszne, to chrupiąca skórka wieprzowa jest najlepsza.

Stek gotuje się długo i w wysokiej temperaturze, ponieważ jest bardzo gęsty. Wysoka zawartość tłuszczu sprawia, że mięso jest wilgotne, a skórka brązowiona i chrupiąca. Łopatkę wieprzową można zastąpić świeżą szynką.

1 (7 GBP) pieczona łopatka wieprzowa

8 do 12 ząbków czosnku

2 łyżki świeżego, posiekanego rozmarynu

1 łyżka nasion kopru włoskiego

1 łyżka soli

1 łyżeczka świeżo zmielonego czarnego pieprzu

1/4 szklanki oliwy z oliwek

1. Na około 1 godzinę przed rozpoczęciem pieczenia mięsa wyjmij je z lodówki.

2. Drobno posiekaj czosnek, rozmaryn, koper włoski i sól, a następnie włóż przyprawy do małej miski. Dodaj pieprz i olej, aby uzyskać gładką pastę.

3. Za pomocą małego noża wykonaj głębokie nacięcia na powierzchni wieprzowiny. Włóż pastę w szczeliny.

4. Umieść ruszt w dolnej jednej trzeciej części piekarnika. Rozgrzej piekarnik do 150°F. Gdy będzie gotowy, włóż stek do piekarnika i piecz przez 3 godziny. Usuń nadmiar tłuszczu łyżką. Grilluj mięso przez dodatkowe 1 do 1 1/2 godziny lub do momentu, gdy temperatura osiągnie 160°F na termometrze z natychmiastowym odczytem. Gdy mięso będzie gotowe, tłuszcz będzie chrupiący i ciemnobrązowy.

5. Mięso przełożyć na deskę do krojenia. Przykryj folią aluminiową, aby utrzymać ciepło i odstaw na 20 minut. Pokrój i podawaj na gorąco lub w temperaturze pokojowej.

Stek wieprzowy

Maialino Arrosto

Na 8 do 10 porcji

Prosiaczek to taki, któremu nie pozwolono jeść karmy dla dorosłych świń. W Stanach Zjednoczonych prosięta ważą zwykle od 15 do 20 funtów, chociaż we Włoszech są o połowę mniejsze. Nawet przy większej masie prosiaka nie ma zbyt dużo mięsa, więc nie planuj serwowania więcej niż ośmiu do dziesięciu gości. Upewnij się także, że masz bardzo dużą blachę do pieczenia, w której zmieści się całe prosię (około 12 cali długości), i upewnij się, że piekarnik pasuje do tej blachy. Każdy dobry rzeźnik powinien być w stanie znaleźć dla Ciebie świeże prosię, ale przed planowaniem przeprowadź badania.

Sardyńscy szefowie kuchni słyną z wieprzowiny, ale ja jadłam ją już w wielu miejscach we Włoszech. Ten, który najlepiej pamiętam, był częścią niezapomnianego lunchu w winnicy Majo di Norante w Abruzji.

1 świnia mleczna, około 15 kilogramów

4 ząbki czosnku

2 łyżki posiekanej świeżej natki pietruszki

1 łyżka świeżo posiekanego rozmarynu

1 łyżka świeżej posiekanej szałwii

1 łyżeczka posiekanych jagód jałowca

Sól i świeżo zmielony czarny pieprz

6 łyżek oliwy z oliwek

2 liście laurowe

1 szklanka wytrawnego białego wina

Jabłko, pomarańcza lub inny owoc do dekoracji (opcjonalnie)

1. Umieść ruszt w dolnej jednej trzeciej części piekarnika. Rozgrzej piekarnik do 150°C. Nasmaruj blachę do pieczenia wystarczająco dużą, aby pomieścić wieprzowinę.

2. Dokładnie opłucz wieprzowinę w środku i na zewnątrz, osusz ręcznikiem papierowym.

3. Posiekaj czosnek, pietruszkę, rozmaryn, szałwię i jagody jałowca, a następnie umieść przyprawy w małej misce. Dodać sporą ilość soli i świeżo zmielonego pieprzu. Dodaj dwie łyżki oleju.

4. Połóż wieprzowinę na boku na dużym ruszcie w przygotowanej patelni i wprowadź mieszankę ziół do wnętrza ciała. Dodaj liście laurowe. Wykonaj nacięcia o głębokości około 1/2 cala po obu stronach kręgosłupa. Pozostałym olejem nacieramy całą wieprzowinę. Przykryj uszy i ogon folią aluminiową. (Jeśli chcesz podać całą świnię z jabłkiem lub innym owocem w pysku, trzymaj usta otwarte kulką folii aluminiowej wielkości owocu.) Z zewnątrz posyp solą i pieprzem.

5. Smaż wieprzowinę przez 30 minut. Zmniejsz temperaturę do 350° F. Zdeglazuj winem. Piecz przez dodatkowe 2 do 2 i pół godziny lub do momentu, gdy termometr włożony do mięsistej części tylnej ćwiartki wskaże temperaturę 170° F. Co 20 minut polewaj sokami z patelni.

6. Przenieś wieprzowinę na dużą deskę do krojenia. Przykryj folią aluminiową i odstaw na 30 minut. Zdejmij nakładkę z folii aluminiowej i kulkę z folii aluminiowej z ust, jeśli używasz. Jeśli używasz, wymień kulkę z folii aluminiowej na owoce. Przełożyć na półmisek i podawać na gorąco.

7. Odtłuszcz tłuszcz z soków z patelni i podgrzej na małym ogniu. Wlać sok na mięso. Natychmiast podawaj.

Sezonowana pieczeń wieprzowa bez kości

Kurczak w Porchetcie

Na 6 do 8 porcji

Schab bez kości pieczony jest z tymi samymi przyprawami, co porchetta (wieprzowina pieczona na rożnie) w wielu częściach środkowych Włoch. Po krótkim czasie gotowania w wysokiej temperaturze temperatura piekarnika zostaje obniżona, dzięki czemu mięso pozostaje delikatne i soczyste.

4 ząbki czosnku

1 łyżka świeżego rozmarynu

6 listków świeżej szałwii

6 jagód jałowca

1 łyżeczka soli

1/2 łyżeczki świeżo zmielonego czarnego pieprzu

1 pieczona polędwica wieprzowa bez kości, około 3 funtów

Oliwa z oliwek z pierwszego tłoczenia

1 szklanka wytrawnego białego wina

1. Umieść ruszt na środku piekarnika. Rozgrzej piekarnik do 150° F. Nasmaruj patelnię wystarczająco dużą, aby pomieścić wieprzowinę.

2. Drobno posiekaj czosnek, rozmaryn, szałwię i jagody jałowca. Wymieszaj mieszankę ziół, sól i pieprz.

3. Za pomocą dużego, ostrego noża przekrój mięso wzdłuż, przez środek, pozostawiając je przyczepione z jednej strony. Otwórz mięso jak książkę i rozprowadź na nim dwie trzecie mieszanki przypraw. Zamknij mięso i zawiąż je sznurkiem w 2-calowych odstępach. Pozostałą mieszanką przypraw natrzyj z zewnątrz. Włóż mięso na patelnię. Skropić oliwą z oliwek.

4. Smaż wieprzowinę przez 10 minut. Zmniejsz temperaturę do 300°F i piecz przez kolejne 60 minut lub do momentu, aż wewnętrzna temperatura wieprzowiny osiągnie 150°F.

5. Wyjmij stek na półmisek i przykryj folią aluminiową. Pozwól mu odpocząć przez 10 minut.

6. Wlej wino na patelnię i postaw na średnim ogniu na płycie kuchennej. Gotuj, zdrapując z patelni wszelkie brązowe kawałki drewnianą łyżką, aż sok zredukuje się i zgęstnieje. Pokrój

wieprzowinę w plasterki i polej sosem z patelni. Podaje się na gorąco.

Grillowana łopatka wieprzowa w mleku

Świnie Latte

Na 6 do 8 porcji

W Lombardii i Veneto cielęcinę, wieprzowinę i kurczaka czasami gotuje się w mleku. Dzięki temu mięso będzie delikatne, a po upieczeniu mleko tworzy kremowo-brązowy sos, który można podawać z mięsem.

Warzywa, pancetta i wino dodają smaku. Do tego dania używam steku z łopatki lub rumsztyka bez kości, ponieważ dobrze nadaje się do powolnego i wilgotnego gotowania. Mięso piecze się na kuchence, więc nie trzeba włączać piekarnika.

1 łopatka wieprzowa lub rumsztyk bez kości (około 3 kg)

4 uncje boczku, drobno posiekanego

1 drobno posiekana marchewka

1 małe żebro delikatnego selera

1 średnia cebula, drobno posiekana

1 litr mleka

Sól i świeżo zmielony czarny pieprz

1/2 szklanki wytrawnego białego wina

1. W dużym holenderskim piekarniku lub innym głębokim, ciężkim garnku z ściśle przylegającą pokrywką połącz wieprzowinę, pancettę, marchewkę, seler, cebulę, mleko oraz sól i pieprz do smaku. Doprowadzić płyn do wrzenia na średnim ogniu.

2. Częściowo przykryj garnek i gotuj na średnim ogniu, od czasu do czasu obracając, przez około 2 godziny lub do momentu, aż mięso będzie miękkie po nakłuciu widelcem.

3. Mięso przełóż na deskę do krojenia. Przykryj folią aluminiową, aby utrzymać ciepło. Zwiększ ogień pod garnkiem i gotuj, aż płyn zredukuje się i lekko zrumieni. Soki przelej przez sitko do miski, następnie wlej płyn z powrotem do garnka

4. Do garnka wlej wino i zagotuj, zdrapując i mieszając drewnianą łyżką zrumienione kawałki. Pokrój wieprzowinę w plasterki i połóż na ciepłym talerzu. Wlać na wierzch płyn z gotowania. Podaje się na gorąco.

Duszona łopatka wieprzowa z winogronami

Świnie wszystkie 'Uva

Na 6 do 8 porcji

Łopatka lub polędwiczka wieprzowa szczególnie dobrze nadaje się do duszenia. Pomimo długiego gotowania pozostaje przyjemny i wilgotny. Zrobiłem ten sycylijski przepis z polędwiczką wieprzową, ale teraz uważam, że polędwica jest zbyt chuda, a łopatka ma więcej smaku.

1 kilogram cebuli perłowej

3 kg łopatki lub tyłka wieprzowego bez kości, zwiniętego i związanego

2 łyżki oliwy z oliwek

Sól i świeżo zmielony czarny pieprz

1/4 szklanki białego octu winnego

1 funt zielonych winogron z nasionami i łodygami (około 3 filiżanek)

1. Zagotuj duży garnek wody. Dodaj cebulę i smaż przez 30 sekund. Odcedzić i ostudzić pod zimną bieżącą wodą.

2. Za pomocą ostrego noża do obierania odetnij końcówki końcówek korzeni. Nie odcinaj końcówek zbyt głęboko, w przeciwnym razie cebula rozpadnie się podczas smażenia. Usuń skórę.

3. W holenderskim piekarniku, wystarczająco dużym, aby pomieścić mięso lub w innym głębokim, ciężkim garnku z ściśle przylegającą pokrywką, rozgrzej olej na średnim ogniu. Osusz wieprzowinę ręcznikami papierowymi. Włóż wieprzowinę do garnka i obsmaż ją dobrze ze wszystkich stron, około 20 minut. Przechylamy garnek i łyżką zbieramy tłuszcz. Doprawić wieprzowinę solą i pieprzem.

4. Dodaj ocet i zagotuj, zgarniając przyrumienione kawałki z dna garnka drewnianą łyżką. Dodaj cebulę i 1 szklankę wody. Zmniejsz ogień do małego i gotuj na wolnym ogniu przez 1 godzinę.

5. Dodaj winogrona. Gotuj przez kolejne 30 minut lub do momentu, aż mięso będzie bardzo miękkie po nakłuciu widelcem. Mięso przełóż na deskę do krojenia. Przykryj folią aluminiową, aby utrzymać ciepło i odstaw na 15 minut.

6. Pokrój wieprzowinę w plasterki i połóż na ciepłym talerzu. Polej sosem winogronowo-cebulowym i natychmiast podawaj.

Łopatka wieprzowa w piwie

Maiale alla Birra

Na 8 porcji

Świeże udka wieprzowe przyrządza się w ten sposób w Trydencie-Górnej Adydze, ale ponieważ ten kawałek nie jest powszechnie dostępny w Stanach Zjednoczonych, do przyrządzania łopatki z kością używam tych samych przypraw. Pod koniec gotowania pozostanie dużo tłuszczu, ale można go łatwo zebrać z powierzchni gotującego się płynu. Jeszcze lepiej, ugotuj wieprzowinę dzień przed podaniem, a mięso i soki gotowane oddzielnie przechowuj w lodówce. Tłuszcz stwardnieje i można go łatwo usunąć. Przed podaniem podgrzej wieprzowinę w płynie z gotowania.

5 do 7 funtów łopatki wieprzowej z kością (piknik lub tyłek bostoński)

Sól i świeżo zmielony czarny pieprz

2 łyżki oliwy z oliwek

1 średnia cebula, drobno posiekana

2 ząbki czosnku, drobno posiekane

2 gałązki świeżego rozmarynu

2 liście laurowe

12 uncji piwa

1. Osusz wieprzowinę ręcznikami papierowymi. Mięso posypać solą i pieprzem.

2. W dużym holenderskim piekarniku lub innym głębokim, ciężkim garnku z dobrze przylegającą pokrywką rozgrzej olej na średnim ogniu. Włóż wieprzowinę do garnka i obsmaż ją dobrze ze wszystkich stron, około 20 minut. Odetnij wszystko oprócz 1 lub 2 łyżek tłuszczu.

3. Całość posypujemy cebulą, czosnkiem, rozmarynem i listkiem laurowym i smażymy przez 5 minut. Dodaj piwo i zagotuj.

4. Przykryj garnek i gotuj, od czasu do czasu obracając mięso, przez 2,5 do 3 godzin lub do momentu, aż mięso będzie miękkie po nakłuciu nożem.

5. Odcedź sok z patelni i usuń tłuszcz. Pokrój wieprzowinę i podawaj z sosami z patelni. Podaje się na gorąco.

Kotleciki jagnięce w białym winie

Braciole di Agnello z białym winem

Na 4 porcje

Oto podstawowy sposób przygotowania kotletów jagnięcych, które można przygotować z delikatnych kawałków skóry lub żeberek, albo z bardziej gryzącymi, ale znacznie tańszymi kotletami z łopatki. Aby uzyskać najlepszy smak, odetnij mięso z nadmiaru tłuszczu i smaż kotlety, aż będą różowe w środku.

2 łyżki oliwy z oliwek

8 kotletów jagnięcych o grubości 1 cala lub żeberek, przyciętych

4 ząbki czosnku, lekko posiekane

3 lub 4 gałązki rozmarynu (2 cale)

Sól i świeżo zmielony czarny pieprz

1 szklanka wytrawnego białego wina

1. Na patelni wystarczająco dużej, aby wygodnie pomieścić kotlety w jednej warstwie, rozgrzej olej na średnim ogniu. Gdy olej będzie gorący, osusz kotlety. Kotlety doprawiamy solą i pieprzem, następnie wrzucamy na patelnię. Gotuj, aż kotlety

staną się złotobrązowe, około 4 minut. Posyp mięso czosnkiem i rozmarynem. Za pomocą szczypiec obróć kotlety i smaż drugą stronę, około 3 minut. Przełożyć kotlety na talerz.

2. Wlać wino na patelnię i doprowadzić do wrzenia. Gotuj, zdrapując i mieszając wszelkie zrumienione kawałki na dnie patelni, aż wino lekko się zredukuje i zgęstnieje, około 2 minut.

3. Kotlety włóż z powrotem na patelnię i smaż przez kolejne 2 minuty, obracając je raz lub dwa razy w sosie, aż będą różowe po przecięciu w pobliżu kości. Przełóż kotlety na talerz, polej je sosem z patelni i natychmiast podawaj.

Kotlety jagnięce z kaparami, cytryną i szałwią

Braciole di Agnello z kaparami

Na 4 porcje

Vecchia Roma to jedna z moich ulubionych rzymskich restauracji. Na obrzeżach dawnego getta znajduje się ładny ogród na świeżym powietrzu, w którym można zjeść posiłek, gdy jest ciepło i słonecznie, ale lubię też przytulne jadalnie pod dachem, gdy jest zimno lub deszczowo. Inspiracją dla tej jagnięciny było danie, które tam próbowałem, przygotowane z małych kawałków mlecznej jagnięciny. Zamiast tego dostosowałam go do delikatnych kotletów, bo są one u nas powszechnie dostępne.

1 łyżka oliwy z oliwek

8 kotletów jagnięcych o grubości 1 cala lub żeberek, przyciętych

Sól i świeżo zmielony czarny pieprz

1/2 szklanki wytrawnego białego wina

3 łyżki świeżego soku z cytryny

3 łyżki kaparów, odsączonych i posiekanych

6 listków świeżej szałwii

1. Na dużej patelni rozgrzej olej na średnim ogniu. Wysuszyć kotlety. Gdy olej będzie gorący, posyp solą i pieprzem, a następnie włóż kotlety na patelnię. Gotuj, aż kotlety staną się złotobrązowe, około 4 minut. Za pomocą szczypiec obróć kotlety i smaż drugą stronę, około 3 minut. Przełożyć kotlety na talerz.

2. Zlać tłuszcz z patelni. Zmniejsz ogień do niskiego. Na patelnię wymieszaj wino, sok z cytryny, kapary i szałwię. Doprowadzić do wrzenia i gotować przez 2 minuty lub do momentu, aż będzie lekko syropowaty.

3. Kotlety włóż z powrotem na patelnię i obróć raz lub dwa razy, aż się rozgrzeją i zaróżowią, gdy zostaną przekrojone blisko kości. Natychmiast podawaj.

Chrupiące kotlety jagnięce

Chrupiące braciolettes

Na 4 porcje

W Mediolanie jadłam tak przygotowane kotlety kozie w towarzystwie serc karczochów smażonych w tej samej chrupiącej panierce. Rumuni zamiast koziego używają małych kotletów jagnięcych i rezygnują z sera. Tak czy inaczej, chrupiąca sałatka jest idealnym dodatkiem.

8 do 12 kotletów jagnięcych o grubości około 3/4 cala, ładnie przyciętych

2 duże jajka

Sól i świeżo zmielony czarny pieprz

1 1/4 szklanki suchej bułki tartej

1/2 szklanki świeżo startego Parmigiano-Reggiano

Oliwa z oliwek do smażenia

1. Połóż kotlety na desce do krojenia i delikatnie ubij mięso, aż uzyska grubość około 1/2 cala.

2. W płytkiej misce ubić jajka, doprawić solą i pieprzem do smaku. Na arkuszu papieru woskowanego wymieszaj bułkę tartą z serem.

3. Kotlety zanurzaj pojedynczo w jajku, a następnie obtocz je w bułce tartej, dobrze ubijając w bułce tartej.

4. Włącz piekarnik na małą moc. Wlej około 1/2 cala oleju na głęboką patelnię. Rozgrzej olej na średnim ogniu, aż część mieszanki jajecznej szybko się ugotuje po wlaniu na olej. Za pomocą szczypiec ostrożnie włóż część kotletów do oleju, nie zapychając patelni. Gotuj, aż uzyskasz złoty i chrupiący kolor, od 3 do 4 minut. Obróć kotlety szczypcami i zarumienij, 3 minuty. Odsączyć kotlety na papierowym ręczniku. Trzymaj smażone kotlety w cieple w piekarniku, podczas gdy smażysz resztę. Podaje się na gorąco.

Kotleciki jagnięce z karczochami i oliwkami

Costolette di Agnello z Carciofi e Olive

Na 4 porcje

Wszystkie składniki tego dania gotuje się na tej samej patelni, dzięki czemu uzupełniające się smaki jagnięciny, karczochów i oliwek łatwo się mieszają. Dobrym dodatkiem będą jasne warzywa, takie jak marchewka lub dojrzałe pomidory.

2 łyżki oliwy z oliwek

8 żeberek lub kotletów jagnięcych o grubości około 1 cala, przyciętych

Sól i świeżo zmielony czarny pieprz do smaku.

2 łyżki oliwy z oliwek

3 1/4 szklanki wytrawnego białego wina

8 małych lub 4 średnie karczochy, przycięte i pokrojone na ósemki

1 ząbek drobno posiekanego czosnku

1 1/2 szklanki małych, miękkich czarnych oliwek, takich jak Gaeta

1 łyżka posiekanej świeżej natki pietruszki

1. Na patelni wystarczająco dużej, aby pomieścić kotlety w jednej warstwie, rozgrzej olej na średnim ogniu. Wytrzyj jagnięcinę do sucha. Gdy olej będzie gorący, posyp kotlety solą i pieprzem, a następnie włóż je na patelnię. Gotuj, aż kotlety staną się złotobrązowe, 3-4 minuty. Za pomocą szczypiec obróć kotlety na brązowo po drugiej stronie, około 3 minut. Przełożyć kotlety na talerz.

2. Zmień temperaturę na średnio-niską. Dodać wino i doprowadzić do wrzenia. Gotuj przez 1 minutę. Dodać karczochy, czosnek oraz sól i pieprz do smaku. Przykryj patelnię i gotuj przez 20 minut lub do momentu, aż karczochy będą miękkie.

3. Dodaj oliwki i pietruszkę i smaż przez kolejną 1 minutę. Kotlety włóż z powrotem na patelnię i smaż, obracając jagnięcinę raz lub dwa razy, aż się rozgrzeje. Natychmiast podawaj.

Kotleciki jagnięce z sosem pomidorowym, kaparami i anchois

Costelette d'Agnello w sosie

Na 4 porcje

Ostry sos pomidorowy nadaje smaku tym kotletom w stylu kalabryjskim. W ten sposób można również przyrządzić kotlety schabowe.

2 łyżki oliwy z oliwek

8 żeberek lub kotletów jagnięcych o grubości około 3/4 cala, przyciętych

6 do 8 pomidorów śliwkowych, obranych, wypestkowanych i posiekanych

4 filety z anchois, posiekane

1 łyżka kaparów, odsączonych i posiekanych

2 łyżki posiekanej świeżej natki pietruszki

1. Na patelni wystarczająco dużej, aby wygodnie pomieścić kotlety w jednej warstwie, rozgrzej olej na średnim ogniu. Gdy olej będzie gorący, osusz kotlety. Kotlety doprawiamy solą i pieprzem, następnie wrzucamy je na patelnię. Gotuj, aż kotlety

staną się złotobrązowe, około 4 minut. Za pomocą szczypiec obróć kotlety i smaż drugą stronę, około 3 minut. Przełożyć kotlety na talerz.

2. Na patelnię dodaj pomidory, anchois i kapary. Dodać szczyptę soli i pieprzu do smaku. Gotuj przez 5 minut lub do momentu, aż lekko zgęstnieje.

3. Kotlety włóż z powrotem na patelnię i smaż, obracając raz lub dwa razy w sosie, aż będą gorące i różowe w przypadku przecięcia blisko kości. Posyp natką pietruszki i od razu podawaj.

Spalić palce Kotlety jagnięce

Agnello do Scottadito

Na 4 porcje

W przepisie, który zainspirował to danie, zaczerpniętym ze starej umbryjskiej książki kucharskiej, drobno posiekany tłuszcz prosciutto nadaje jagnięcinie aromatu. Większość współczesnych kuchni zastępuje oliwę z oliwek. Kotlety jagnięce również są w tym przypadku dobre.

Nazwa prawdopodobnie wzięła się od pomysłu, że kotlety są tak pyszne, że nie można ich nie zjeść od razu: gorące, świeże, prosto z grilla lub patelni.

1/4 szklanki oliwy z oliwek

2 ząbki czosnku, drobno posiekane

1 łyżka świeżo posiekanego rozmarynu

1 łyżeczka świeżo posiekanego tymianku

8 kotletów jagnięcych o grubości około 1 cala, przyciętych

Sól i świeżo zmielony czarny pieprz

1. W małej misce wymieszaj oliwę, czosnek, zioła oraz sól i pieprz do smaku. Posmaruj powstałą mieszanką jagnięcinę. Przykryj i przechowuj w lodówce przez 1 godzinę.

2. Umieść grill lub grill w odległości około 5 cali od źródła ciepła. Rozgrzej grill lub grill.

3. Usuń część marynaty. Grilluj lub grilluj kotlety, aż będą rumiane i chrupiące, około 5 minut. Używając szczypiec, obróć kotlety i smaż, aż uzyskają złoty kolor i lekko różowy kolor w środku, jeszcze około 5 minut. Podaje się na gorąco.

Grillowana jagnięcina po stylu Bazylikata

Agnello allo Spiedo

Na 4 porcje

Bazylikata może być najbardziej znana ze swojej roli w filmie Carla Leviego *Chrystus aresztowany w Eboli*. Autor namalował ponury portret regionu przed II wojną światową, kiedy wielu więźniów politycznych zostało zesłanych na wygnanie. Dziś Bazylikata, choć wciąż słabo zaludniona, kwitnie i wielu turystów zapuszcza się tam, aby wybrać się na piękne plaże w pobliżu Maratei.

Typowymi mięsami tego regionu są wieprzowina i jagnięcina, które w tym przepisie łączymy w sobie. Pancetta otaczająca kostki jagnięce staje się chrupiąca i smaczna. Utrzymuje wilgotność jagnięciny i dodaje smaku podczas pieczenia.

1 1/2 funta udźca jagnięcego bez kości, pokrojonego na 2-calowe kawałki

2 ząbki czosnku, drobno posiekane

1 łyżka świeżo posiekanego rozmarynu

Sól i świeżo zmielony czarny pieprz

4 uncje cienko pokrojonego boczku

1/4 szklanki oliwy z oliwek

2 łyżki czerwonego octu winnego

1. Umieść grill lub grill w odległości około 5 cali od źródła ciepła. Rozgrzej grill lub grill.

2. W dużej misce wymieszaj jagnięcinę z czosnkiem, rozmarynem oraz solą i pieprzem do smaku.

3. Rozwiń plastry boczku. Owiń plasterek pancetty wokół każdego kawałka jagnięciny.

4. Umieść jagnięcinę na drewnianych szpikulcach, mocując pancettę za pomocą szpikulców. Złóż kawałki razem, bez stłoczenia. W małej misce wymieszaj oliwę i ocet. Posmaruj powstałą mieszanką jagnięcinę.

5. Grilluj lub grilluj szaszłyki, obracając je od czasu do czasu, aż będą ugotowane według smaku; Szaszłyki 5 do 6 minut na średnim ogniu. Podaje się na gorąco.

Grillowane szaszłyki jagnięce

Arrosticini

Na 4 porcje

W Abruzji małe kawałki jagnięciny są marynowane, nabijane na drewniane szaszłyki i grillowane na gorącym ogniu. Gotowane szaszłyki podaje się na stojąco, w wysokim kubku lub dzbanku, a każdy częstuje się, jedząc jagnięcinę bezpośrednio z patyków. Idealnie nadają się do bufetu, podawane ze smażoną papryką lub sosami.

2 ząbki czosnku

Sól

1-funtowe udko jagnięce, przycięte i pokrojone na kawałki o długości 3/4 cala

3 łyżki oliwy z oliwek z pierwszego tłoczenia

2 łyżki posiekanej świeżej mięty

1 łyżeczka świeżo posiekanego tymianku

Świeżo zmielony czarny pieprz

1. Bardzo drobno posiekaj czosnek. Posyp czosnek szczyptą soli i rozgnieć go bokiem dużego, ciężkiego noża szefa kuchni na drobną pastę.

2. W dużej misce wymieszaj jagnięcinę z pastą czosnkową, oliwą, ziołami oraz solą i pieprzem do smaku. Przykryj i marynuj w temperaturze pokojowej przez 1 godzinę lub w lodówce na kilka godzin lub na noc.

3. Umieść grill lub grill w odległości około 5 cali od źródła ciepła. Rozgrzej grill lub grill.

4. Połóż mięso na szaszłykach. Złóż kawałki razem, bez stłoczenia. Grilluj lub grilluj jagnięcinę przez 3 minuty lub do momentu, aż się zrumieni. Obróć mięso szczypcami i smaż przez kolejne 2–3 minuty lub do momentu, aż mięso będzie złotobrązowe na zewnątrz, ale wciąż różowe w środku. Podaje się na gorąco.

Gulasz jagnięcy z rozmarynem, miętą i białym winem

Agnello w Umido

Na 4 porcje

Łopatka jagnięca idealnie nadaje się do mielenia. Mięso ma wystarczającą ilość wilgoci, aby wytrzymać długie, powolne gotowanie, a niedogotowane w gulaszu jest delikatne jak widelec. Jeśli masz tylko łopatkę jagnięcą z kością, można ją dostosować do przepisów na gulasz. Przeczytaj dodatkowy funt mięsa z kością, w zależności od tego, jak bardzo jest ono kościste. Gotuj jagnięcinę z kością około 30 minut dłużej niż jagnięcinę z kością lub do momentu, aż mięso zacznie odchodzić od kości.

2 1/2 kg łopatki jagnięcej bez kości, pokrojonej na dwucalowe kawałki

1 1/4 szklanki oliwy z oliwek

Sól i świeżo zmielony czarny pieprz do smaku.

1 duża posiekana cebula

4 ząbki czosnku, posiekane

2 łyżki świeżego, posiekanego rozmarynu

2 łyżki posiekanej świeżej natki pietruszki

1 łyżka posiekanej świeżej mięty

1 1/2 szklanki wytrawnego białego wina

Około 1/2 szklanki bulionu wołowego (bulion mięsny) lub wodę

2 łyżki koncentratu pomidorowego

1. W dużym holenderskim piekarniku lub innym głębokim, ciężkim garnku z dobrze przylegającą pokrywką rozgrzej olej na średnim ogniu. Osusz jagnięcinę papierowymi ręcznikami. Umieść w garnku tyle kawałków jagnięciny, ile zmieści się w jednej warstwie. Gotuj, często mieszając, aż zrumieni się ze wszystkich stron, około 20 minut. Usmażoną jagnięcinę przełożyć na talerz. Posypać solą i pieprzem. W ten sam sposób ugotuj pozostałą jagnięcinę.

2. Gdy całe mięso się zrumieni, usuń łyżką nadmiar tłuszczu. Dodać cebulę, czosnek i zioła i dobrze wymieszać. Gotuj, aż cebula zwiędnie, około 5 minut.

3. Dodaj wino i gotuj na wolnym ogniu, zdrapując i mieszając zrumienione kawałki na dnie garnka. Gotuj przez 1 minutę.

4. Dodać bulion i koncentrat pomidorowy. Zmniejsz ogień do niskiego. Przykryj i gotuj przez 1 godzinę, od czasu do czasu mieszając, lub do momentu, aż jagnięcina będzie miękka. Jeśli sos stanie się zbyt suchy, dodaj trochę wody. Podaje się na gorąco.

Gulasz jagnięcy z Umbrii z puree z ciecierzycy

Agnello del Colle

Na 6 porcji

Szczypiorek i puree ziemniaczane są powszechnym dodatkiem do gulaszu we Włoszech, więc byłem zaskoczony, gdy w Umbrii ten gulasz podawano z puree z ciecierzycy. Ciecierzyca z puszki dobrze się sprawdza, można też wcześniej ugotować suchą ciecierzycę.

2 łyżki oliwy z oliwek

3 funty łopatki jagnięcej bez kości, pokrojonej na 2-calowe kawałki

Sól i świeżo zmielony czarny pieprz

2 ząbki czosnku, drobno posiekane

1 szklanka wytrawnego białego wina

1/2 szklanki posiekanych pomidorów świeżych lub z puszki

1 opakowanie (10 uncji) białych grzybów, pokrojonych w plasterki

2 puszki (16 uncji) ciecierzycy lub 5 szklanek gotowanej ciecierzycy

Oliwa z oliwek z pierwszego tłoczenia

1. W dużym holenderskim piekarniku lub innym głębokim, ciężkim garnku z dobrze przylegającą pokrywką rozgrzej olej na średnim ogniu. Umieść w garnku tyle kawałków jagnięciny, aby zmieściły się w jednej warstwie. Gotuj, mieszając od czasu do czasu, aż zrumieni się ze wszystkich stron, około 20 minut. Usmażoną jagnięcinę przełożyć na talerz. Posypać solą i pieprzem. W ten sam sposób ugotuj pozostałą jagnięcinę.

2. Gdy całe mięso się zrumieni, odlej nadmiar tłuszczu z patelni. Na patelnię wsyp czosnek i smaż przez 1 minutę. Dodaj wino. Za pomocą drewnianej łyżki zeskrob i zamieszaj przyrumienione kawałki z dna patelni. Doprowadzić do wrzenia i gotować przez 1 minutę.

3. Wróć jagnięcinę do garnka. Dodać pomidory i grzyby i dusić. Zmniejsz ogień do niskiego. Przykryj i gotuj, mieszając od czasu do czasu, 1 1/2 godziny lub do momentu, aż jagnięcina będzie miękka, a sos się zredukuje. Jeżeli płynu jest za dużo, na ostatnie 15 minut zdjąć pokrywkę.

4. Tuż przed podaniem podgrzej ciecierzycę i płyn w średnim rondlu. Następnie przenieś je do robota kuchennego, aby je zmiksować lub rozgnieść tłuczkiem do ziemniaków. Dodaj odrobinę oliwy z oliwek z pierwszego tłoczenia i czarnego pieprzu do smaku. W razie potrzeby podgrzej ponownie.

5. Przed podaniem na każdym talerzu połóż trochę ciecierzycy. Zacier otaczamy gulaszem jagnięcym. Podaje się na gorąco.

Jagnięcina w stylu myśliwskim

Agnello alla Cacciatora

Na 6 do 8 porcji

Rumuni robią ten gulasz jagnięcy z abbacchio, jagnięciną tak młodą, że nigdy nie jadła trawy. Myślę, że smak dojrzałej jagnięciny najlepiej komponuje się z pikantnym posiekanym rozmarynem, octem, czosnkiem i anchois, które wykończą sos.

4-funtowa łopatka jagnięca z kością, pokrojona na 2-calowe kawałki

Sól i świeżo zmielony czarny pieprz

2 łyżki oliwy z oliwek

4 ząbki czosnku, posiekane

4 świeże liście szałwii

2 (2-calowe) gałązki świeżego rozmarynu

1 szklanka wytrawnego białego wina

6 filetów anchois

1 łyżeczka drobno posiekanych świeżych liści rozmarynu

2 do 3 łyżek octu winnego

1. Osusz kawałki papierowymi ręcznikami. Posyp je solą i pieprzem.

2. W dużym holenderskim piekarniku lub innym głębokim, ciężkim garnku z dobrze przylegającą pokrywką rozgrzej olej na średnim ogniu. Dodaj tyle jagnięciny, aby wygodnie zmieścić się w jednej warstwie. Smażymy, mieszając, żeby dobrze się zarumieniło ze wszystkich stron. Podsmażone mięso przełożyć na talerz. Kontynuuj z pozostałą jagnięciną.

3. Gdy cała jagnięcina się zrumieni, usuń łyżką większość tłuszczu z patelni. Dodać połowę czosnku, szałwii i rozmarynu i wymieszać. Dodaj wino i gotuj przez 1 minutę, zdrapując i mieszając drewnianą łyżką wszelkie przyrumienione kawałki z dna patelni.

4. Umieść kawałki jagnięciny z powrotem na patelni. Zmniejsz ogień do niskiego. Przykryj i gotuj, mieszając od czasu do czasu, przez 2 godziny lub do momentu, aż jagnięcina będzie miękka i odpadnie od kości. Jeśli płyn za szybko odparuje, dolać trochę wody.

5. Przygotowanie pesto: Posiekaj anchois, rozmaryn i pozostały czosnek. Umieść je w małej misce. Dodaj tyle octu, aby powstała pasta.

6. Do gulaszu wmieszaj pesto i gotuj na wolnym ogniu przez 5 minut. Podaje się na gorąco.

Gulasz jagnięcy, ziemniaki i pomidory

Stufato di Agnello e Verdure

Na 4 do 6 porcji

Chociaż do gulaszu zwykle używam łopatki jagnięcej, czasami dodaję resztki z udka lub udka. Tekstura tych kawałków jest nieco bardziej gumowata, ale wymagają mniej gotowania i nadal stanowią dobry gulasz. Należy pamiętać, że w tym przepisie z południowych Włoch mięso wkłada się do garnka na raz, więc przed dodaniem pozostałych składników jest tylko lekko rumiane.

1 duża posiekana cebula

2 łyżki oliwy z oliwek

2 funty udka bez kości lub udka jagnięcego, pokrojonego na 1-calowe kawałki

Sól i świeżo zmielony czarny pieprz do smaku.

1 1/2 szklanki wytrawnego białego wina

3 szklanki pomidorów z puszki, odsączonych i posiekanych

1 łyżka świeżo posiekanego rozmarynu

1 funt gotowanych woskowych ziemniaków, pokrojonych na 1-calowe kawałki

2 marchewki, pokrojone w plasterki o grubości 1/2 cala

1 szklanka groszku świeżego lub groszku mrożonego, częściowo rozmrożonego

2 łyżki posiekanej świeżej natki pietruszki

1. W dużym holenderskim piekarniku lub innym głębokim, ciężkim garnku z ściśle przylegającą pokrywką, usmaż cebulę na oliwie z oliwek na średnim ogniu, aż zmięknie, około 5 minut. Dodaj jagnięcinę. Smażyć, często mieszając, aż kawałki lekko się zarumienią. Posypać solą i pieprzem. Dodać wino i doprowadzić do wrzenia.

2. Dodaj pomidory i rozmaryn. Zmniejsz ogień do niskiego. Przykryj i gotuj przez 30 minut.

3. Dodać ziemniaki, marchewkę oraz sól i pieprz do smaku. Gotuj na wolnym ogniu przez kolejne 30 minut, od czasu do czasu mieszając, aż jagnięcina i ziemniaki będą miękkie. Dodać groszek i gotować kolejne 10 minut. Posyp natką pietruszki i od razu podawaj.

Gulasz jagnięcy i paprykowy

Spezzato d'Agnello z Peperone

Na 4 porcje

Ciepło i słodycz papryki oraz bogactwo jagnięciny sprawiają, że te dwa produkty doskonale do siebie pasują. W tym przepisie, gdy mięso się zrumieni, nie pozostaje nic innego, jak tylko od czasu do czasu je zamieszać.

1/4 szklanki oliwy z oliwek

2 kg łopatki jagnięcej bez kości, pokrojonej na 1,5-calowe kawałki

Sól i świeżo zmielony czarny pieprz do smaku.

1/2 szklanki wytrawnego białego wina

2 średnie cebule, pokrojone w plasterki

1 duża czerwona papryka

1 duża zielona papryka

6 pomidorów śliwkowych, obranych, wypestkowanych i posiekanych

1. W dużym rondlu lub piekarniku holenderskim rozgrzej olej na średnim ogniu. Wytrzyj jagnięcinę do sucha. Dodaj tyle jagnięciny na patelnię, aby wygodnie zmieściła się w jednej warstwie. Gotuj, mieszając, aż zrumieni się ze wszystkich stron, około 20 minut. Usmażoną jagnięcinę przełożyć na talerz. Kontynuuj gotowanie pozostałej jagnięciny w ten sam sposób. Całość posypujemy solą i pieprzem.

2. Gdy całe mięso się zrumieni, usuń łyżką nadmiar tłuszczu. Do garnka wlej wino i dobrze wymieszaj, zeskrobując przyrumienione kawałki. Doprowadzić do wrzenia.

3. Wróć jagnięcinę do garnka. Dodać cebulę, paprykę i pomidory. Zmniejsz ogień do niskiego. Przykryj garnek i gotuj przez 1 1/2 godziny lub do momentu, aż mięso będzie bardzo miękkie. Podaje się na gorąco.

Zapiekanka jagnięca z jajkami

Agnello Cacio e Uova

Na 6 porcji

Ponieważ jajka i jagnięcina kojarzą się z wiosną, naturalnym jest łączenie ich w przepisach. W tym daniu, popularnym w takiej czy innej formie w środkowych i południowych Włoszech, jajka i ser tworzą lekko kremowy sos do gulaszu jagnięcego. To typowy przepis wielkanocny, więc jeśli chcesz przygotować go na świąteczny stół, ugotowany gulasz przełóż do ładnego naczynia żaroodpornego, upiecz i podawaj przed dodaniem dodatków. Połączenie jagnięciny z nóg i łopatek nadaje mu ciekawszą fakturę.

2 łyżki oliwy z oliwek

2 średnie cebule

3-funtowe udo i łopatka jagnięca bez kości, przycięte i pokrojone na 2-calowe kawałki

Sól i świeżo zmielony czarny pieprz do smaku.

1 łyżka drobno posiekanego rozmarynu

11/2 szklanki domowej robotybulion mięsnyLUBRosółlub kupiony w sklepie bulion wołowy lub drobiowy

2 szklanki łuskanego świeżego groszku lub 1 opakowanie (10 uncji) mrożonego groszku, częściowo rozmrożonego

3 duże jajka

1 łyżka posiekanej świeżej natki pietruszki

1/2 szklanki świeżo startego Pecorino Romano

1. Umieść ruszt na środku piekarnika. Rozgrzej piekarnik do 200°C. W holenderskim piekarniku lub innym głębokim, ciężkim garnku z dobrze dopasowaną pokrywką rozgrzej olej na średnim ogniu. Dodaj cebulę i jagnięcinę. Gotuj, mieszając od czasu do czasu, aż jagnięcina będzie lekko rumiana ze wszystkich stron, około 20 minut. Posypać solą i pieprzem.

2. Dodać rozmaryn i bulion. Dobrze wymieszać. Przykryj i piecz, mieszając od czasu do czasu, 60 minut lub do momentu, aż mięso będzie miękkie. Jeśli to konieczne, dodaj trochę ciepłej wody, aby zapobiec wysuszeniu jagnięciny. Dodaj groszek i gotuj przez kolejne 5 minut.

3. W średniej misce wymieszaj jajka, pietruszkę, ser, sól i pieprz do smaku, aż dobrze się połączą. Wlać mieszaninę równomiernie na jagnięcinę.

4. Piec bez przykrycia przez 5 minut lub do momentu, aż jajka się zetną. Natychmiast podawaj.

Jagnięcina lub koza z ziemniakami po sycylijsku

Capretto lub Agnello al Forno

Na 4 do 6 porcji

Baglio Elena, niedaleko Trapani na Sycylii, to działające gospodarstwo rolne produkujące oliwki, oliwę z oliwek i inną żywność. To także zajazd, w którym goście mogą zatrzymać się na posiłek w uroczej rustykalnej jadalni lub spędzić urlop. Podczas wizyty podano mi wielodaniowy obiad składający się z sycylijskich specjałów, w skład którego wchodziło kilka rodzajów oliwek przygotowanych na różne sposoby, doskonałe salami robione na miejscu, różnorodne warzywa i ten prosty gulasz. Mięso i ziemniaki gotujemy w płynie innym niż niewielka ilość wina i soków z mięsa i warzyw, tworząc symfonię smaków.

Kid jest dostępny u wielu etnicznych rzeźników, w tym z Haiti, Bliskiego Wschodu i Włoch. Jest tak podobny do jagnięciny, że trudno jest odróżnić.

3-funtowe mięso koźlęce z kością lub łopatka jagnięca, pokrojone na 2-calowe kawałki

2 łyżki oliwy z oliwek

Sól i świeżo zmielony czarny pieprz

2 cebule, pokrojone w cienkie plasterki

1 1/2 szklanki wytrawnego białego wina

1/4 łyżeczki mielonych goździków

2 (2-calowe) gałązki rozmarynu

1 liść laurowy

4 średnie, uniwersalne ziemniaki, pokrojone na 1-calowe kawałki

2 szklanki pomidorków koktajlowych, przekrojonych na połówki

2 łyżki posiekanej świeżej natki pietruszki

1. Umieść ruszt na środku piekarnika. Rozgrzej piekarnik do 150°F. W dużym holenderskim piekarniku lub innym głębokim, ciężkim garnku z dobrze dopasowaną pokrywką, rozgrzej olej na średnim ogniu. Osusz jagnięcinę papierowymi ręcznikami. Dodaj tyle mięsa, aby zmieściło się wygodnie w garnku i nie było stłoczone. Gotuj, obracając kawałki szczypcami, aż zrumienią się ze wszystkich stron, około 15 minut. Przełożyć kawałki na talerz. Kontynuuj gotowanie pozostałego mięsa w ten sam sposób. Posypać solą i pieprzem.

2. Gdy całe mięso się zrumieni, usuń większość tłuszczu z patelni. Dodaj cebulę i smaż, mieszając od czasu do czasu, aż cebula zwiędnie, około 5 minut.

3. Mięso z powrotem włóż do garnka. Dodać wino i doprowadzić do wrzenia. Smaż przez 1 minutę, mieszając drewnianą łyżką. Dodać goździki, rozmaryn, liść laurowy oraz sól i pieprz do smaku. Przykryj garnek i włóż do piekarnika. Gotuj przez 45 minut.

4. Dodaj ziemniaki i pomidory. Przykryj i gotuj przez kolejne 45 minut lub do momentu, aż mięso i ziemniaki będą miękkie po nakłuciu widelcem. Posyp natką pietruszki i podawaj na gorąco.

Apulijska zapiekanka z ziemniaków i jagnięciny

Tiella di Agnello

Na 6 porcji

Specjalnością Apulii są warstwowe gulasze pieczone w piekarniku. Można je przyrządzać z mięsa, ryb lub warzyw, na zmianę z ziemniakami, ryżem lub bułką tartą. Tiella to nazwa nadana zarówno tej metodzie gotowania, jak i rodzajowi potrawy, w której gotowana jest zapiekanka. Klasyczna tiella to głęboki, okrągły talerz z terakoty, choć obecnie najczęściej używa się patelni metalowych.

Metoda gotowania jest najbardziej niezwykła. Żaden ze składników nie jest przyrumieniony ani wstępnie ugotowany. Wszystko układamy warstwowo i pieczemy do miękkości. Mięso będzie dobrze wypieczone, ale nadal wilgotne i smaczne, ponieważ kawałki są otoczone ziemniakami. Dolna warstwa ziemniaków rozpływa się miękko i delikatnie, jest pełna soku mięsnego i pomidorowego, natomiast górna warstwa wychodzi chrupiąca jak frytki, choć o wiele smaczniejsza.

Do mięsa użyj dobrze pokrojonych kawałków udźca jagnięcego. Kupuję w supermarkecie połowę udka jagnięcego z motylem, a następnie kroję je w domu na 2–3-calowe kawałki, odcinając tłuszcz. Idealnie pasuje do tego przepisu.

4 łyżki oliwy z oliwek

2 kg pieczonych ziemniaków, obranych i pokrojonych w cienkie plasterki

1/2 szklanki suchej bułki tartej

1/2 szklanki świeżo startego Pecorino Romano lub Parmigiano-Reggiano

1 ząbek drobno posiekanego czosnku

1/2 szklanki posiekanej świeżej pietruszki

1 łyżka świeżego, posiekanego rozmarynu lub 1 łyżeczka suszonego

1/2 łyżeczki suszonego oregano

Sól i świeżo zmielony czarny pieprz

2 1/2 funta jagnięciny bez kości, przyciętej i pokrojonej na kawałki o długości od 2 do 3 cali

1 szklanka odsączonych pomidorów z puszki, posiekanych

1 szklanka wytrawnego białego wina

1/2 szklanki wody

1. Umieść ruszt na środku piekarnika. Rozgrzej piekarnik do 400° F. Rozprowadź 2 łyżki oleju w naczyniu do pieczenia o wymiarach 13 × 9 × 2 cale. Osuszyć ziemniaki i rozłożyć około połowę z nich, lekko nachodząc, na dnie patelni.

2. W średniej misce wymieszaj bułkę tartą, ser, czosnek, zioła oraz sól i pieprz do smaku. Połowę mieszanki bułki tartej rozsmaruj na ziemniakach. Mięso ułożyć na wierzchu bułki tartej. Mięso doprawiamy solą i pieprzem. Rozłóż pomidory na mięsie. Na wierzchu ułóż pozostałe ziemniaki. Wlać wino i wodę. Całość posmaruj resztą mieszanki bułki tartej. Skropić pozostałymi 2 łyżkami oliwy z oliwek.

3. Piecz przez 1,5–13,4 godziny lub do momentu, aż mięso i ziemniaki będą miękkie po nakłuciu widelcem i ładnie się zarumienią. Podaje się na gorąco.

Noga Jagnięca Z Ciecierzycą

Stinco di Agnello z Ceci

Na 4 porcje

Mango wymaga długiego i powolnego gotowania, ale kiedy jest gotowe, miąższ jest wilgotny i prawie rozpływa się w ustach. Jeśli kupisz udziec jagnięcy w supermarkecie, mięso może wymagać dodatkowego przycięcia. Za pomocą małego noża do odkostniania odetnij jak najwięcej tłuszczu, pozostawiając nienaruszoną cienką, perłową warstwę miąższu, zwaną srebrzystą skórką. Pomaga mięsu zachować swój kształt podczas gotowania. Wykorzystuję nogi do wielu przepisów, które Włosi przygotowują z mniejszymi udkami jagnięcymi.

2 łyżki oliwy z oliwek

4 małe udka jagnięce, drobno posiekane

Sól i świeżo zmielony czarny pieprz

1 mała posiekana cebula

2 szklanki zupy wołowej (bulion mięsny)

1 szklanka pomidorów obranych, wypestkowanych i posiekanych

1/2 łyżeczki suszonego majeranku lub tymianku

4 marchewki, obrane i pokrojone na 1-calowe kawałki

2 łodygi selera pokrojone na 1-calowe kawałki

3 szklanki ugotowanej ciecierzycy lub 2 puszki (16 uncji), odsączone

1. W holenderskim piekarniku, wystarczająco dużym, aby pomieścić muszle w jednej warstwie, lub w innym głębokim, ciężkim garnku z ściśle przylegającą pokrywką, rozgrzej olej na średnim ogniu. Wysuszyć nogi jagnięce i dobrze przyrumienić ze wszystkich stron, około 15 minut. Przechylamy patelnię i łyżką usuwamy nadmiar tłuszczu. Posypać solą i pieprzem. Dodać cebulę i smażyć kolejne 5 minut.

2. Dodać bulion, pomidory i majeranek i doprowadzić do wrzenia. Zmniejsz ogień do niskiego. Przykryj i gotuj przez 1 godzinę, od czasu do czasu obracając nogi.

3. Dodać marchewkę, seler i ciecierzycę. Gotuj przez kolejne 30 minut lub do momentu, aż mięso będzie miękkie po nakłuciu małym nożem. Podaje się na gorąco.

Noga jagnięca z papryką i prosciutto

Brasato di Stinco di Agnello z Pepperoni i Prosciutto

Na 6 porcji

W Senagalii, na wybrzeżu Adriatyku w Marche, zjedliśmy w Osteria del Tempo Perso w historycznym centrum tej urokliwej starówki. Na pierwsze danie zamówiłem cappelletti, czyli „czapki" wypełnione świeżym makaronem z kiełbasą i sosem warzywnym, a następnie gulasz jagnięcy z kolorową papryką i paskami prosciutto. W tym przepisie dostosowałam smak gulaszu do udek jagnięcych.

4 łyżki oliwy z oliwek

6 małych udek jagnięcych, pokrojonych w plasterki

Sól i świeżo zmielony czarny pieprz

1 1/2 szklanki wytrawnego białego wina

2-calowa gałązka świeżego rozmarynu lub 1/2 łyżeczki suszonego

1 1/2 szklanki bulion mięsny

2 czerwone papryki, pokrojone w 1/2-calowe paski

1 żółta papryka, pokrojona w 1/2-calowe paski

1 łyżka niesolonego masła

2 uncje pokrojonego w plasterki importowanego włoskiego prosciutto, pokrojonego w cienkie paski

2 łyżki posiekanej świeżej natki pietruszki

1. W holenderskim piekarniku, wystarczająco dużym, aby pomieścić golonki jagnięce w jednej warstwie, lub w innym głębokim, ciężkim garnku z ściśle przylegającą pokrywką, rozgrzej olej na średnim ogniu. Wytrzyj nogi jagnięce do sucha. Obsmaż je dobrze ze wszystkich stron, obracając kawałki szczypcami, około 15 minut. Przechylamy patelnię i łyżką usuwamy nadmiar tłuszczu. Posypać solą i pieprzem.

2. Dodaj wino i gotuj, zdrapując i mieszając drewnianą łyżką wszelkie przyrumienione kawałki z dna patelni. Doprowadzić do wrzenia i gotować przez 1 minutę.

3. Dodać rozmaryn i bulion, doprowadzić płyn do wrzenia.

4. Częściowo przykryj patelnię. Zmniejsz ogień do niskiego. Gotuj, od czasu do czasu obracając mięso, aż jagnięcina będzie bardzo miękka po nakłuciu widelcem, około 1,5–1,5 godziny.

5. Podczas smażenia jagnięciny w średnim rondlu połącz paprykę, masło i 2 łyżki wody na średnim ogniu. Przykryj i gotuj przez 10 minut lub do momentu, aż warzywa będą prawie miękkie.

6. Do jagnięciny dodać namoczoną paprykę i szynkę serrano wraz z natką pietruszki. Gotuj bez przykrycia na średnim ogniu, aż papryka będzie miękka, około 5 minut.

7. Łyżką cedzakową przenieś uda i paprykę na rozgrzaną patelnię. Przykryj i trzymaj w cieple. Jeśli płyn pozostawiony na patelni jest zbyt rzadki, zwiększ ogień do dużego i gotuj na wolnym ogniu, aż zredukuje się i lekko zgęstnieje. Przetestuj i dostosuj przyprawy. Sosem polej jagnięcinę i natychmiast podawaj.

Noga Jagnięca Z Kaparami I Oliwkami

Stinchi di Agnello z kaparami i oliwkami

Na 4 porcje

Na Sardynii do tego dania zwykle używa się mięsa koziego. Smaki jagnięciny i kozy są bardzo podobne, więc udka jagnięce są dobrym zamiennikiem i są znacznie łatwiejsze do znalezienia.

2 łyżki oliwy z oliwek

4 małe udka jagnięce, drobno posiekane

Sól i świeżo zmielony czarny pieprz

1 średnia posiekana cebula

3 1/4 szklanki wytrawnego białego wina

1 szklanka pomidorów świeżych lub z puszki, obranych, wypestkowanych i posiekanych

1 1/2 szklanki czarnych oliwek bez pestek, takich jak Gaeta

2 ząbki czosnku, drobno posiekane

2 łyżki kaparów, odsączonych i posiekanych

2 łyżki posiekanej świeżej natki pietruszki

1. W holenderskim piekarniku, wystarczająco dużym, aby pomieścić muszle w jednej warstwie, lub w innym głębokim, ciężkim garnku z ściśle przylegającą pokrywką, rozgrzej olej na średnim ogniu. Wysuszyć jagnięcinę i dobrze przyrumienić ze wszystkich stron. Usuń nadmiar tłuszczu łyżką. Posypać solą i pieprzem.

2. Rozłóż cebulę wokół jagnięciny i gotuj, aż cebula będzie miękka, około 5 minut. Dodaj wino i gotuj przez 1 minutę. Dodać pomidory i zagotować. Zmniejsz ogień do małego i przykryj patelnię. Gotuj na wolnym ogniu przez 1 do 1/2 godziny, od czasu do czasu obracając nogi, aż mięso będzie bardzo miękkie po nakłuciu nożem.

3. Dodaj oliwki, czosnek, kapary i pietruszkę i smaż przez kolejne 5 minut, obracając mięso tak, aby pokryło się sosem. Podaje się na gorąco.

www.ingramcontent.com/pod-product-compliance
Lightning Source LLC
Chambersburg PA
CBHW071858110526
44591CB00011B/1457